我们对这些生病的同类，最缺乏的就是

尊重和同情。

理解疯狂
精神科医生手记
À QUOI SERT VRAIMENT UN PSY?

（法）帕特里克·勒穆瓦纳／著
顾敏／译

外语教学与研究出版社
北京

京权图字 01-2012-3488
国际合作声明
©Armand Colin Publisher, 2011
Chinese translation rights arranged through Divas International, Paris 迪法国际版权代理
(info@divas.fr)

图书在版编目(CIP)数据

理解疯狂：精神科医生手记／（法）勒穆瓦纳著；顾敏译. — 北京：外语教学与研究出版社，2015.3
　ISBN 978-7-5135-5671-2

　Ⅰ.①理… Ⅱ.①勒… ②顾… Ⅲ.①精神障碍-病人-社会心理学-研究 Ⅳ.①C912.6②R749

中国版本图书馆CIP数据核字(2015)第052317号

出 版 人：蔡剑峰	网　　址：http://www.fltrp.com
项目策划：满兴远	印　　刷：紫恒印装有限公司
责任编辑：徐晓丹　杨彩霞	开　　本：880×1230 1/32
封面设计：姚　军	印　　张：5
版式设计：赵　欣	版　　次：2015年3月第1版 2015年3月第1次印刷
出版发行：外语教学与研究出版社	书　　号：ISBN 978-7-5135-5671-2
社　　址：北京市西三环北路19号(100089)	定　　价：27.00元

购书咨询：(010)88819929　　　　　　电子邮箱：club@fltrp.com
外研书店：http://www.fltrpstore.com
凡印刷、装订质量问题，请联系我社印制部
联系电话：(010)61207896　　　　　　电子邮箱：zhijian@fltrp.com
凡侵权、盗版书籍线索，请联系我社法律事务部
举报电话：(010)88817519　　　　　　电子邮箱：banquan@fltrp.com
法律顾问：立方律师事务所　刘旭东律师
　　　　　中咨律师事务所　殷　斌律师
物 料 号：256710001

谨向让-克里斯托夫·塔米西耶及其团队
致以最诚挚的敬意

告读者

心理医生分很多种，包括精神科医生、心理学专家、心理治疗师、精神分析师、精神运动治疗师、精神复健师等等。我属于第一种。我的观点肯定会带些主观色彩，会有些片面，但绝不至于偏激。

江山易改，本性难移嘛！

如此众多的分类以及精神病学科的发展近况说明：精神病学科并不是一家独大，这也给其他的传统治疗或者巫术治疗带来了生存空间。

1968年5月，神经精神病学经历阵痛，分成精神病学和神经病学。从那时开始，既有管"硬件"的专家（神经科医生），又有管"软件"的专家（精神科医生）。神经科医生负责焊接短路的地方，而我们精神科医生则要通过编程来消除程序错误。这种彻底的割裂其实并不科学，但体现了一种医学理论，那就是灵魂可以从身体里剥离出来，是一种器官，也会生病，需要治疗，所以需要持证的专业人员。不过这些单纯是西方人的观点，如果我是印度人、巴布亚人、班图人或者土耳其人，我压根就不会有精神科这个概念。在这些地方，人们认为身体和精神的痛苦是联系在一起的，传统治疗师会用药物和咒语来治疗。

　　事到如今，遇到精神疾病，人们还是习惯求助于巫师或者隐士。不管是医生还是患者，都在医学与迷信、药物和心理疗法、多巴胺和俄狄浦斯情结、核磁共振和动物磁感应学说之间摇摆不定，难以抉择。现代精神心理学把手伸向了灵魂学说，并试图以科学的方式解释灵魂，比如笛卡尔认为灵魂就在松果体里；但是现代医学认为只要神经元正常运转就能矫正灵魂，所以越来越倚重神经科学。精神心理学还很不完善，很少有别的学科会有这么多的分支，由此导致产生这么多种类的医生，既有科班出身的医生，也有江湖郎中。不过别着急，这些本书都会讲到。

目 录

前言 / 1

1 兴趣的诞生 / 3

阿尔贝,疯狂的南风 / 3
锂盐的奇迹 / 18

2 金鱼的玄学 / 20

解开精神病人的锁链 / 22
纳粹的"安乐死" / 27
耶稣是个优生学家吗? / 28
精神病院的极权诱惑 / 30
精神病学的大师们 / 32
沉睡在心里的七头蛇 / 37
永远的庇护所 / 39
20世纪的奴隶 / 40
阿里的忧郁 / 43

3 操场上的闲聊 / 45

公墓里的歧视 / 46
"精神科来病人了！"/ 47
你好，忧愁 / 50

4 精神病学爱分类 / 53

疯子的革命 / 54
医生的困惑 / 55
精神科医生就好像昆虫学家 / 58
酒鬼难不醉 / 60

5 治愈灵魂的良药？ / 62

反精神病学的潮流 / 63
佛罗伦萨的伊佐洛托 / 65
阿尔卑斯山那头的反精神病学运动 / 69
强制劳动收容所 / 72
精神病人也幽默 / 74

6 《家庭生活》/ 76

"家，我恨它！"（安德烈·纪德）/ 76
家，我爱它 / 78

7 危机文化还是文化危机？／ *80*
  酷暑夏日的抑郁／ *86*

8 教条主义／ *88*
  观点——精神分裂的病因／ *91*
  启示宗教／ *91*
  跟精神分析师发生关系／ *97*
  精神分析有什么用？／ *100*
  破产和甲状腺／ *103*

9 精神病学和神经科学／ *105*
  病中的孩子／ *107*

10 精神科医生和监狱／ *110*
  法医精神病学／ *111*
  圣埃格雷夫事件／ *116*
  法医学／ *118*
  强制戒毒／ *119*

11 精神病住院治疗／ *121*
  恐慌来袭／ *122*

12 我是一个医者 / 125

哭泣的精神科医生的故事 / 126
关于刀的眼泪 / 127

13 我是哪一种心理医生？ / 129

精神科医生 / 129
心理学专家 / 130
走出阴影 / 133

14 精神科医生不做或不该做的事 / 135

谁疯了？ / 135
精神警察？ / 136
医生的名与实 / 137
急诊室的故事 / 138

尾声 我治疗（灵魂），故我是（精神科医生）/ 139

未来的心理医生 / 139
又是法国例外！ / 141
继续走我的路？ / 141

前 言

1993年，皮埃尔·贝雷戈瓦（这个名字在乌克兰语里是"岸边的人"的意思），在容克翁运河边上自杀了。这是个沉重的话题，但我想谈的不是这个。跟法国许多其他精神科医生遇到的情况一样，事情发生后不久，我的电话响了。打电话的是里昂《进步报》的记者。他让我谈谈对这个惨剧的看法。我认真地回答了他。不得不说，为这种事采访的记者，他不是第一个，也不会是最后一个，而我也不是唯一有机会面对摄像机和麦克风、现身专栏或网络的精神科医生。

虽然这么说有点不好意思，但我还真是对世上所有的事几乎都公开发表过看法，谈过厌食的模特、顽固性失眠、安慰剂，谈过烦恼、诱惑、滥用药物、夫妻口角是如何产生的，还谈过笑和眼泪，以上举的都是些不会让我害臊的例子，因为我得承认，我还谈论过一些自己不懂的问题，大家就原谅我这种轻描淡写的说法吧。

作为大众喉舌的记者，怎么会如此在乎精神科医生的看法呢？而精神科医生们又为什么这样经不住媒体的引诱呢？他们又没有特异功能，为什么会这么抢手，需要对所有问题都评头论足呢？他们怎么就成了演播室以及所有争论话题的必邀嘉宾了呢？这些有问必答的嘉宾究竟能起到什么作用呢?会变成某种宗教的精神领袖吗?或是成为真理大使,将真理传遍大江南北?

如果是这样的话,他们传播的所谓真理是什么呢?

1 兴趣的诞生

这是一次普通的相遇。生命中无数次相遇中的一次。帕特里夏过早离开了人世,生前她曾是一位精神科医生。认识她让我对这个职业有了一定的了解,可能也是我立志成为精神病院医生的主要原因。她才气逼人,意气风发,桀骜不驯,却被疾病的风暴卷走,只有从她留下的文字中,才能依稀想见她飞扬的神采。她记录了自己第一次当实习医生的经历,那种氛围,跟我初次踏入疯子的国度时非常相似,而我这一入行,就再也没有回过头。

我就不多说了,大家看看原文吧。

阿尔贝,疯狂的南风

这里不是地狱。这里什么也不是。封闭空间里的疯狂泡泡而已。死气沉沉,一成不变。我职业生涯的第一家精神病院,平庸而亲切,就那么静静伫立在沉闷的疯狂里。病人们就那么呆着。很多人已经呆了几年、几十年,也可能几百年了吧。如果有人每隔五年来参观一次木樨草医院的话,他会发现每次来都没什么大变化。一个护士退休了，毕业的新人就会顶替上。有的病人死了，有的出院六个月后复发了，又回来，呆上一段时间，至于是一天还是一百天，又有什么差别呢？医院的收支差不多一直是那样，人数也变化不大。唯一头疼的只有社保基金。还有，为什么关起来的精神病人会比呆在外面的精神病人花销多那么多呢？

而我，精神病院里的一个小实习生，在这个男性主导的地方，有一点点迷失了。这么说吧，从1838年建院开始，除了那个发育不良的老姑娘社工，本姑娘大概是第一个打入医院内部的穿裙子的医生。我第一次走进饭厅时，一屋子的男人都是一脸的不可思议，要么忘了咽饭，要么就是咽得很费力，直到被食物呛到的声音此起彼伏地打破了沉寂。

1937年，从前的疯人院改头换面变成了精神病院，或者是名字更体面的精神疗养院。住院的病人也不用再穿病号服了，还有金属刀叉、玻璃杯子和陶瓷盘子用，也不再用麦草铺床了，取而代之的是真正的床垫！算得上奢侈了！墙皮有些斑驳，家具也有点摇摇晃晃，但精神病不比心绞痛，也不是癌症，病人没那么虚弱。住院环境能有这些改进就已经很不错了！

再后来，又有了安定药，打一针就能让人安静，至少可以让护工们落得清静。引人疯狂的南风刮起的时候，病人们不再鬼哭狼嚎的了。狂躁病人区和强制管理区也取消了。当年疯人院还叫疯人院的时候，院里的看守们得时刻提防着脑后，靠着墙边走，免得被病人偷袭。那时候能让病人安静下来的手段就只有扇耳光、穿强制束缚衣和戴脚环。其中脚环最有意思，是专门给有暴力倾向的疯子用的。两个脚环被一根皮带连着。通过调整皮带的长度，可以准确控制两腿的间距，从而控制步长。戴着脚环走路的样子很怪，有点像日本女人，就差穿上和服了。

一个男护士告诉我，他刚入行时被分到了狂躁病人区。那里有个病人已经戴了十八年左右的脚环了。已经没人记得为什么给他戴，也没人敢给他解开，大家都觉得既然这么做了，一定是有原因的。虽然心里打鼓，男护士还是不顾院长和其他人的劝阻，解开了这个病人的脚环。接下来的二十年里，直到死前，这个倒霉的病人每一步都还是跨出不多不少二十五厘米。他的思想被禁锢了，从此再也没被解放出来。为了以防万一，这套工具还保存在柜子的深处。而且这些东西还是有点历史价值的，对吧？不应该丢失这部分记忆，这也是西方历史遗产的一部分。说不定哪天，会有个古怪的院长，突发奇想拿这些东西办个展览呢？

以前看守们和病人住在一起。病人们男女分开，男北女南，危险病人住在中间，分成两个区。院里还有些"乖病人"——做工的，老的，痴呆的，而有钱的疯子有属于自己的地盘。精神科医生，也就是从前治疯子的医生，最爱做的事就是给病人分类归档。洋洋洒洒的！就好像有一屋子的蝴蝶，没什么事做的时候，给它们分分类，正好借这个打发时间。

现在的疯子没那么吓人了,不会疯起来就口吐白沫之类的。病人出现幻觉、狂躁不安、异常胆小或者大吼大叫的情况也变得非常少见。疯狂是永无休止的黑白基调。疯狂来来去去,时断时续,翻来覆去,反反复复。疯狂是浑浊的。疯子跟疯人院一样永恒存在,因为疯子自以为是神。

外人一进到木樨草医院,就会闻到一股刺鼻的味道,一种军营和医院的混合气息,混杂着尿骚味、汗味、消毒水味和乙醚味。每任院长都在墙上留下了点纪念。某个爱好登山的男护

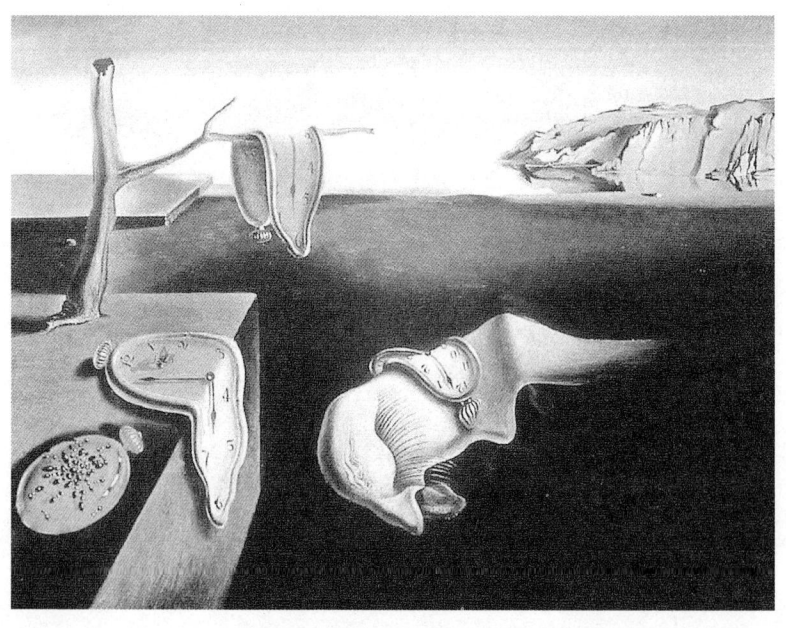

图1 达利《记忆的永恒》

士留下了一幅山景的涂鸦。还有些已经开裂的画框里夹着干花，这些干花都是病人们在夏令营期间接受田间劳动疗法治疗的时候摘来的。墙上还挂着病人的作品，画的大都是郁金香、雏菊和冷杉之类的，也有画景色或者房子的，画得都很一般。毕竟像凡·高这样的画家很少见。其中有一幅画就是不能稳稳当当地呆着，总是向左歪。有个病人——估计是画的作者——每次路过，都会参照着墙上一道淡淡的铅笔痕迹，小心翼翼、仔仔细细地把画扶正了。不过这幅画大概被某个歪斜小精灵施了魔法，因为不到一刻钟，画就又歪到左边了。

墙壁刷成了现代医院的经典蓝色。安插座或是换散热器的地方散落着些墙皮。墙壁从地面到两米高的位置都很干净，这也是中等身材的男护士伸长手臂能擦到的极限了。再往上的墙就很脏，因为规定是清理伸手可及的部分。如果踩在椅子或梯子上，会很容易发生工作事故。结果就是墙面靠顶的部分很脏，但也没那么不堪入目。不过墙还是要好好擦的，因为市政厅认定的符合规程的修缮，还要再等七年。这还是假设没有油价震荡或者社保窟窿不大的情况下。

出于工作需要，木樨草医院里都是男员工。医生里只有男医生，病人也是男女分开。而我这个新鲜出炉的实习生，曾以高分入学的优等生，却选择了这里作为职业生涯开始的地方。我的到来，第一次打破了这个世外天地有男无女的状态。相信我，扮演这个角色相当有趣。

理解疯狂：精神科医生手记

空气潮湿到让老员工无心工作时，他们就乐呵呵地欣赏新人瑟瑟发抖、神经紧绷的样子。当年的病人都非常狂躁，都是暴力分子、坏蛋、杀人犯或者暴露狂。从早到晚，看守们都得死死盯住那些围在炉子周围的精神病人。

那时候对"乖病人"来说正是好日子，他们可以一边工作，一边治疗。有做农活的，有帮医生或院长做家务的：可以一个负责擦银器，一个负责整理花园，还有一个负责看孩子。有个得了妄想症的病人给医院开了三十多年的门。每栋楼都有专门管钥匙的病人，每天坐在第一级台阶上，等着给人开门。每天要站起来二三十次，每次开门都很庄重，打招呼时还看人下菜碟。多亏了那些伟大的立法人，做工的病人每天大概能拿到价值两枚邮票的工钱。不过法律就是法律，没有讨价还价的余地。他们每个月还可以领到定量的粗烟丝或高卢烟草，跟部队上发的一样。其中红色包装的是专门给病人里的一战老兵们准备的。

院长和医生们聚餐，偶尔还会请来省长、市长或者检察长，有时会找一个精神不稳定的病人，讲点不入流的小故事，唱唱祝酒歌，给大人物们助助兴。其实"乖病人"过得不惨，证据就是，疯人院大门敞开的时候，他们中没有一个想离开的，直到议员们投票建立残疾人疗养院。

引人疯狂的南风嚎叫的时候，外面的世界充满了恐怖与饥饿。

阿尔贝病情恶化那天，南风刮得正猛。真是一场疾风暴雨。

1 兴趣的诞生

阿尔贝曾经是医院里的稳定因子。他住了二十多年院，是个五十多岁的获得过荣誉勋章的退伍老兵，但身体依旧硬朗。他就那么走进了地狱。他曾是个好好先生，常帮院里的老人去城里买东西、捎信、带检查报告。他甚至偶尔能去药房取药，可见特权有多大。也就差病历他没碰过，这属于医疗机密，你们明白的。

在经历了一段灰暗时期后，是因为打架还是酗酒，具体已经没人记得了，阿尔贝进了精神病院，成了一个特立独行的哲人。他情绪稳定，笑眯眯的，让人很安心，总爱说疯人院里发生过的事。他档案的前几页已经看不清了，警官曾用蓝色墨水笔用力写下的笔录，已经模糊了。十五六年来，他的情况都算稳定，只有些老护士还记得他当初发疯时有多恐怖。

这已经是很久以前的事了。

我们都不知道到底有多严重。

想想都会觉得不可思议。

当有病人情绪激动时，阿尔贝会站起来，彬彬有礼地询问对方是不是不舒服，需不需要他帮忙。一般来说，他那么大块头，往那儿一站，对方就再也不敢挑衅了。一个实习医生曾经算过，每到周一，阿尔贝被准许外出的日子，院里就要比平常多用2.3倍的镇静剂。"挺有意思的，但别对外说。"院长听说后说了这么一句，然后又埋头去看报纸的讣告专栏去了，这是知道少数出院病人消息的最好方法。

阿尔贝——"安静先生"。

理解疯狂：精神科医生手记

又是一个再平常不过的阴天。阿尔贝跟我进行了一次例行谈话。

"医生，这三年来，我每天只喝一滴拉尔加尔多尔。对，不骗您，每天就一滴。我在被准许外出的时候，有时还会忘记吃药。去年夏令营，十五天，我一滴药都没喝。结果呢，我的病没有恶化，反而状态很好。您觉得我还有必要继续吃药吗？我这么久都没发过病了。"

阿尔贝坐在那里，笑着对我说出这些话，不急不躁，像平常一样，心平气和，头脑清楚。我觉得理论上来说，没有理由拒绝他。每天一滴药，远远不是有效剂量。这滴药像是一种心理安慰剂，是为了医者的良心安宁，是为了有照顾人的感觉，是为了能帮帮阿尔贝，也是为了能顺理成章地把他继续留在医院里。

我想不到什么理由反对这个丝毫无害的要求。在处方簿上写下"拉尔加尔多尔，彻底停用"时，我没有太纠结。我很开心。因为这证明时间是可以治愈疯狂的。只需要一些信念、无微不至的照顾、坚持不懈的治疗，就能彻底消除狂症。剩下的就是要说服阿尔贝离开医院，去外面的世界，回到真实的世界。

不过不着急，有的是时间。

停药六个多月后，一切如常。大楼里依旧吵吵嚷嚷。医院组织去瓦桑山扎营。阿尔贝忙东忙西，干了很多重活。帐篷里的日子有田园牧歌式的宁静却也单调无聊，直到发生了一件事。阿尔贝狠狠扇了让-让两巴掌，让-让是个喜欢捉弄人的弱智儿，总能把人惹毛了。护士制止了阿尔贝，随便责怪了他两句。事情就这么过去了，没了恶作剧，大家相安无事。回到医院后，我发现阿尔贝瘦了些，大概是野外生活的缘故吧。但他眼里有时会闪过一些诡异的光芒，让人捉摸不透。我心里有些犯嘀咕。

夏令营结束后，又过了几天，一个老病人在楼梯上跌倒了，滚下楼梯后背部着地，摔坏了股骨颈。老人家得的是老年痴呆，讲不清楚发生了什么。唯一目睹一切的就是阿尔贝，他说老人家只是摔倒了而已。救护车呼啸而去的时候，没人听到（或者说不愿听到？）阿尔贝的冷笑。

"第一个。"他说。

又过了八天，让-让顶着一只熊猫眼来吃早餐。他什么也说不出来，似乎是被恐吓了。他被吓得不轻，蜷缩在饭厅的一角，一有人经过，他就往后缩。我从他嘴里没问出一点线索。接着出事的是磨坊老爹。他以前是个农民，进了疯人院后，院里给他分了一块地，他在里面种上了菜。这周日，他去市场卖菜，回来的时候有些跟跄。我发现他有点瘸，但他不肯告诉我发生了什么，只说是摔倒了。我给他检查了一下，发现他身上都是淤青。木樨草医院笼罩在重重迷雾之中。

一个周一的早上，风吹得很急，我被一声长啸吓了一跳。那种片刻不停的嚎叫声，就像野兽一样。这种原始的叫声，让人如坐针毡，头皮发麻，汗毛倒竖。我翻包找钥匙翻了五分钟，耳边一直是这种声音。奇怪的是，这声音不是马上进到大脑里的。怎么说呢，就好像声波要从我的神经元森林中披荆斩棘，历尽艰辛，才能到达大脑中枢。

我琢磨了一下，估计是因为每周一我都会换个包用，所以又忘拿钥匙了。我决定按门铃，等着被念叨"马大哈"。门终于开了，突然变清晰的叫声和护士的表情让我心里一沉。

"是阿尔贝。在他房间。"

我急忙赶去。房间门口挤满了人。有院长、两个护士，还有些不认识的人。

"这些是增援小组的人，都是壮汉。市里有好几个增援小组待命呢，接到医院求助后，可以随时增援。"一个人介绍道。

但这些人看来并不轻松。其中一个流着鼻血，头向后仰着，两个鼻孔里都塞着纱布。还有一个在整理衣服。无意间，我发现他上衣的扣子少了一颗。

"真是难搞。我还以为你们没能制服他呢。"我说。

阿尔贝的房间是灰白色的，一进屋的地方有三个开关，分别用来换气、抽水和开灯。土耳其式便池周围的白色瓷砖有点泛黄了，洗手池上也有裂纹了。房间中央，一张金属床用螺钉固定在地上。赤身裸体的阿尔贝在橡胶床垫上扭来扭去，试图挣脱束缚。他被结结实实地绑在床杠上。

我捡起掉在地上的床单，盖住他的私处。阿尔贝一阵狂笑，非常猥琐。我吓得后退了一步，他笑得更凶了，充满了嘲讽。我怔住了，根本没法让他恢复理智。房间里的气味很恐怖。

不仅是屎尿的臭味，还有疯狂的味道。一种我从未遇到过的气息，激烈、犀利、野蛮、实实在在的。疯狂、仇恨和妄想似乎都有了形状。纯粹原始的疯狂，难以言喻，触手可及。正当我发抖时，一只手按在了我的肩膀上。

"帕特里夏，离开这里，镇静剂很快就生效了。"

院长陪我走到外面，然后走开了。有几个病人在走廊尽头窃窃私语。我把房间的两道门都锁上了。

"主任在办公室等你。"

走进办公室的时候，里面异常安静。院长、助理、警卫队长、四个护士长和社工都在看我。仿佛头戴漏斗[1]的天使飞过。

"女士，请给我一个解释，在没有事先通知我的情况下，你以什么名义和理由，停了阿尔贝先生的拉尔加尔多尔？"

我的脸涨得通红，比牡丹花和虞美人有过之而无不及。护士们默默地打量着我，社工则掩饰不住地窃喜。院长助理一直不能容忍我这个女人，一个会成为精神科医生的女人；说不定她还想着，哪天我会当上院长，成为她的顶头上司——这些我可从来没想过。她可是院长的智囊，对院长影响极深。就没有她不参与的决策，包括人事变动和批准病人例行出门。院长度假期间，每栋楼的楼长和实习生们都必须向她和她的发髻俯首称臣，上奏折，汇报院里发生的所有事情，务必让她了解院

---

[1] 详见第三章的"精神科来病人了！"中的解释。（译者注）

里的一切动向——林林总总，鸡毛蒜皮。

但现在是我坐在小板凳上，接受审判，可怜巴巴、语无伦次地辩解。幸亏护士长替我说话，及时、礼貌地提醒大家院长曾经亲自做过的批示，一个医生打断道："过去的就过去了，应该向前看，女士，作为一个实习生，你以后不要再擅自做这种决定了。"会面结束后，大家都离开了，只剩下院长和社工。

虽然日子一天天过去，但是阿尔贝的叫声从来没有停止过。这叫声困扰了我整整两个月。这两个月好像永远没有止境，我们的思想和行动像是困在了这种声音里。这六十天里，除了晚上短短的几个小时外，阿尔贝一直不停地吼叫。成吨的镇静剂，几次电击治疗，各种捆绑器械，怀柔，利诱，威逼，他吼声依旧。给他洗澡需要四个男护士架着。有一回，他挣脱开来，用手死死攥住洗手池，像是抓了个婴儿似的，把水池从墙上拽了下来，在头上挥舞，破裂的水管不停地有水涌出来。阿尔贝在上了锁的房间里，坐在固定于地上的床上，低吼着。

他每次都想方设法把盆打翻，把床单弄湿，跟玩儿似的。夜里偶尔安静的时候，他会哭着解释，他身上的东西比他厉害，那东西想把我们都干掉，但是他自己——阿尔贝，是爱我们的。他求我们把那东西赶走，帮他，别抛弃他。有一次，院长刚让人给他松完绑，他就试图勒死院长，以不愧于自己"疯子"的称号。当院长揉着脖子走出来的时候，我们就明白了，必须采取进一步的行动了。最终的决定是把他转到别的医院去，我们

图2　蒙克《呐喊》

都明白再也没有回转余地了。在法国，有四所特殊精神病院专门接收狂暴分子、杀人犯、变态和抢劫犯，这些都是一般精神病院管不住的病人。在当时，特殊精神病院这种可怕的地方都高度警戒，非常神秘，也是实习医生们避讳的话题。这种存在无疑证明了普通精神病治疗法的失败，否定了1968年5月的改革以及马克思主义的精神分析理论[1]。

某种程度上来说，也是我们的失败。

商量各种事宜用了十五天，但已经算是快的了。阿尔贝将被

---

[1] 马克思主义的精神分析理论指的是一些把马克思主义、生态学和精神分析结合在一起的精神病学理论。（译者注）

转到萨尔格米讷。定下日子后，木樨草上下一片死寂。阿尔贝也不叫唤了，好像知道了些什么。我们还没跟他说，但他已经察觉到了。这种寂静糟糕透顶。曾经毫无怨言忍受阿尔贝低吼的病人们，变得有些焦躁。劳动治疗车间的角落传来阵阵窃窃私语，马若雷弗小汽车的生产速度明显变慢了。饭厅里时不时有些摩擦，镇静剂的用量也变高了。

救护车快走时，只剩下三个人在楼前送行。套着强制束缚衣、紧紧夹在两个押送护士中间的阿尔贝首先开口打破了沉默。木樨草曾经的哲人，用他一贯温和低沉的声音，请求我拥抱他一下。他知道自己不可能活着回来了。他请我们原谅，但是我们明白，那东西一直都在，所以他同意我们的做法，必须摧毁那东西。我觉得好像看到他眼中含泪，但又不敢确定。而我自己，眼睛也有些模糊了。

救护车缓缓消失了。

木樨草的生活一切照旧，只是没了阿尔贝。饭厅里他的椅子一直空着，直到有一天，有个刚入院的患精神分裂的年轻病人坐了上去，这孩子才刚要开始自己漫长痛苦的疯子生涯。他不知道自己坐了阿尔贝的位子，也就坐了十五秒吧，就被让一让一把推开。没有解释。从此阿尔贝的椅子成了禁地。

又过去了四个月。

一天午饭后不久，劳动治疗车间机器轰鸣，安装流水线上造出一辆又一辆的马若雷弗小汽车。阿尔弗雷德，负责监管的

1 兴趣的诞生

护士,突然有种奇怪的感觉,于是抬头朝玻璃外的走廊看了一眼。他当时并没有多想,笑着对同事吕西娜说:

"你别笑我啊,我好像看到阿尔贝从走廊过去……"

"你早上忘了吃药了吧,又有幻觉了!"

这是个经典的老笑话。他们笑了好一阵,才开始干活。阿尔弗雷德又推了推吕西娜,这次他没笑。

"我保证,我真看到他了,跟看到你一样实实在在地。阿尔贝在走廊里。"

吕西娜正想继续嘲笑阿尔弗雷德,可是一抬头,也看到了经过走廊的阿尔贝。他朝她挥了挥手,跟从前周一例行出门时一模一样,接着就不见了。吕西娜有点摸不着头脑了。她平常是个不着调、爱幻想的人,有点神神叨叨的。她抬眼望着天说:"阿尔贝死了。他的灵魂在去天堂之前,来跟我们告别。"没人当真,包括阿尔弗雷德。

大家都知道她大脑偶尔会不太正常,不过这回也太夸张了吧。

"吕西娜,给我们指指鬼魂在哪儿啊?"

"嘿,吕西娜,看我的裹尸布!凡是要干活的地方,就没乐子!"

整个医院的人都在笑她。笑了有四个小时。直到萨尔格米讷发来电报。电报很短,写着:"遗憾地通知各位,阿尔贝·P先生已于今日十四时去世。"

肯定是因为心肌梗死。

现在我换了家医院，一家女子精神病院。我肯定会有所变化的。

> " 我觉得精神科医生的作用是，让人们不要忘记西方曾经是怎么治疗精神病的。虽然他们有时在胡说。"

锂盐的奇迹

二十五岁时，安德烈神父对上帝许下了三愿。高中起，他就进了神学院，后来又到了更大的修道院。他的信仰坚如磐石，显而易见。自从进了修道院，安德烈神父就没后悔过自己的选择。他的生活就是工作、祈祷，祈祷、工作。他的一生本该就这样平静度过。这里平和宁静，院长也卓越优秀。他也从未质疑过自己的工作——负责把本地修士手工制作的产品发送出去。是啊，平平静静的一辈子。

但是……

但是，每到春天，安德烈神父都会怪诞到让大家震惊。每到这时，他都会花费很高的成本把商品卖到全球各地去，卖到中国、巴布西亚岛、美洲，说是为了"打开市场"。他还会在办公室里开些下流玩笑，唱些低俗小曲，吃很多饭，喝很多甜烧酒，还尽说些俏皮话——从鸡鸭说到驴马，整夜在修道院的楼道里溜达。

到了夏天，一切又恢复正常。

一到秋天，他就四处找绳子上吊，跟当年他母亲和姑婆一样。他忏悔，对自己的控诉一项比一项严重。不吃、不洗、不动，呆若木鸡，悲伤不已。

他被院长拖来看病时，已经完全虚脱了。诊断结果很简单，他患的是两极紊乱（以前叫狂躁抑郁症）。治疗方法就是吃锂盐，用不着心理辅导治疗，因为他不发病的时候，堪称道德典范。他的病完全是生理和遗传原因造成的，跟糖尿病一个性质。如此而已。极其规律的生活也不会让他有什么精神压力。

安德烈神父服用锂盐已经十二年了，这期间都没有发过病。这是个模范病人，锂盐的摄入量一直很稳定。

十二年来，修道院的人们每天都会替我祈祷，祈求上帝不要让我受到任何伤害，以此来表达对我医治好安德烈神父的感激之情。

2 金鱼的玄学

兴趣的诞生（二）

"你为什么要当精神科医生呢？"言外之意："你怎么就这么想不开要跟疯子打交道呢？""你看起来挺正常的啊！"每次不凑巧被问到这种差劲问题的时候，我都会用一招金蝉脱壳，我会说："因为我喜欢金鱼啊！"当那个问问题的冒失鬼目瞪口呆的时候，我会这么接着说下去。

小时候，父母有时会带我去拜访他们的好朋友阿讷马斯，他是一家诊所的老板。当大人们自顾自吃饭聊天时，我大多时候都在鱼缸前出神。

这是五岁的我见过的最漂亮、最大、最梦幻的鱼缸。神秘的水世界里，住满了各色居民，条纹的、斑点的，水中山丘上森林起伏，黑暗洞窟中栖息着各种各样的鱼，还有掠食者、随波摆动的植物，一派和谐景象。一个不受重力原则束缚的世界。这个微小的世界让我很开心，大人们也很满意，他们从没见过"这么乖"的孩子。

可怜他们不明白，在我肆意汪洋的想象中，我是这个奢华的水中国度的主宰者和神，一个无所不能的独裁者，这个小小世界就屈服在我幼稚的意志下。我疯狂迷恋上了这个鱼缸。

图3 鱼缸

是的，这个水下世界的恩主就是个精神科医生，他的诊所是以他自己的名字命名的。我小小的脑瓜很快就把所有事情联系起来，并得出了一个结论：为了拥有财力来统治这么一块神奇的热土，必须要做同样的工作才行。

于是我就成了里昂的一名精神科医生。

一毕业，我就买了个鱼缸。鱼缸很不起眼，比一个大口瓶子强不了多少。我用它养鱼养了好几个月。好歹要把自己的兴趣进行到底，对吧？

鱼没养好，我为此还伤心了一段时间。因为我必须承认，我是个优秀的精神科大夫，但明显不适合养鱼。术业有专攻嘛！

几年后，我发现我的金鱼学说并不是独一无二的，很多同事也有类似的想法。他们中很多人都梦想着创造一个乌托邦，类似德廉美修道院——某种世外桃源，在那里病人可以安全地生活，不必面对这个弱肉强食的世界。一个真正意义上的庇护所。他们制定规则，决定病人的出入，并几乎手握生死大权，比如里乔托·卡努多提到的"别墅里的精神科医生"[1]就有类似观点。他认为需要关注的不是病人个体，而是整间医院，医院本身应该充满活力，像是蜂巢、蚁巢或鱼缸那样！诊所里的个体如何无关紧要，重要的是整个群体欣欣向荣，这就是诊所老板最大的荣耀。

他有一种新奇前卫的观点，那就是超个体性的交流，一个病人的欢乐、痛苦、抽搐、死亡，"别墅"里的所有病人都会感知，即使互不相识，甚至互相都没听说过。搞研究的人都知道，一群人，不管人数多少，总会通过非语言的方式传递信息，但不一定是心灵感应。而群体稳定性理念则构成了集体心理治疗的基础。

解开精神病人的锁链

菲利普·皮内尔把精神病人从锁链中解放出来，发明并实践了"精神病的道德治疗"方法，为现代精神病学打下了基石。

1793年8月25日，正当法国大革命如火如荼之时，皮内尔医生被国民公会任命为比塞特疯人院的院长。这里跟别处一样，自从1656

---

[1] 里乔托·卡努多.《疯子的对角线》（原名《得到解放的人》，《人间》系列丛书）. 巴黎：普隆出版社，2010年。

年敕令颁布后[1]，精神病人就跟苦役犯、乞丐、性病患者和妓女关在一起。1656年正是米歇尔·福柯所说的"大监禁"开始的年份。入院的人都被关在潮湿的地下室里，空气不流通，也没有阳光，睡在发霉的草垫上，不管是妓女还是罪犯，所有人都被当成疯子。

让－巴蒂斯特·普桑[2]是疯人院的一个员工。他以前

图4　菲利普·皮内尔

做过制革工，1771年因为冷脓肿（又名颈部结核性淋巴炎或瘰子颈）住进比塞特医院，后来幸运地痊愈了。医院雇用了他，这在当时很普遍，他最初只是打杂的，1784年成了不可治愈病人区（关押暴躁精神病人）的看守。

普桑后来当上了"医院警卫队长和底层员工主管"。他是个宽慈仁厚的大个头，善于观察，会去注意和发扬病人身上的优点，并以

1　1656年法国颁布在巴黎建立总医院的敕令，用于收容穷人、病人、罪犯等。（译者注）
2　更多关于普桑的信息，参见网站"医生面面观"（Portrait de médecins）(http://www.medarus.org/Medecins/MedecinsTextes/pussinjb.html)。

图5　菲利普·皮内尔为精神病人解开锁链

一种人道主义的方式对待这些躁动不安的人，这一点给菲利普·皮内尔造成了深远的影响。

普桑是第一个解开锁链的人，接着是皮内尔。皮内尔依旧会雇用已经或正在康复的病人，这在今天看来简直是不可思议。我曾几次建议招募从前的病人见习或者当志愿者，但都失败了，每次都遭到各种阻挠。我至今仍为不能结识这些卓越的前辈而深感遗憾。

自从皮内尔院长发现有很多要向普桑学习的，就放弃了发号施令的态度。

2 金鱼的玄学

通过一天很多次甚至每次好几个小时的检查，我渐渐熟悉了最暴躁的精神病人的种种吊诡。我一次又一次地与他交谈，医院里数他最了解病人以前的状态和那些疯狂的想法。我不赞同他的说法时，不会直接出言反对，而会去再次检查病人，来验证或者矫正我的想法。

在这点上，我跟皮内尔的想法有些不谋而合，我常跟实习生和年轻医生们说："如果搭档的医生和护士在诊断上意见不合，那肯定是护士有理。"这绝不是奉承话，虽然偶尔我也会给人戴高帽，但在这件事上，我是真这么觉得，这是多年工作中得出的血的教训。我初出茅庐的时候，自信满满，面对那些"远远"不如我懂得多的护士们，大肆鼓吹医生奉为真理的那一套理论[1]。

诺埃勒·G.是跟我合作的护士之一，是我见过的最善良的泼妇，有时蛮不讲理，有时却能一针见血，她会在公共场合扯着嗓子跟我吵，每次的结论都是，"你们这些医生，缺的就是护士有的那套"（我也表达过类似意思，不过说得没那么冲）。护士的技巧在于身体接触，跟病人面对面相处，这些都是精神科医生不懂的。护士给病人打针的时候，从扎入到推进，是否会让病人害怕，都需要注意到。令我羞愧的是，每次我不听诺埃勒意见的时候，都以失败告终。我所谓的好的治疗方案，反而会让病人病情恶化。

---

[1] 帕特里克·勒穆瓦纳，《美好初衷造就医学地狱》。巴黎：罗贝尔·拉丰出版社，2005年。

说到普桑和皮内尔，正是这两个勇敢的人，掀开了潘多拉盒子的一角，将精神病人从桎梏中解救出来，震惊了整个欧洲。除了1789年8月26日诞生的《人权和公民权宣言》外，这可能是法国大革命的另一大功绩了。道德治疗通过奖惩机制规范病人的行为，区分出好病人和坏病人，为巴甫洛夫和斯金纳的行为主义心理学作了铺垫。与此同时，英国人也引入了一种新机制，基督教新教教派公谊会教徒威廉·图克成立了"约克疗养院"，治疗方法以教派宗旨（尊重和自控）为基础，跟道德治疗相近。

这之后的主要治疗理念是，把狂暴的病人从"牢笼"里放出来，带到空气清新的乡下去，远离城市的乌烟瘴气、残酷纷乱，在样板农场里一边干活，一边慢慢恢复理智。但这也不是百试百灵。这种生态疗法出现时，还没有专门的词汇对其加以描述。这是一个创举：当时病人的生活环境极差，这种治疗方式有助于改善他们的生活条件。至少有一部分参与劳动的病人的住所获得了改善，而其他很多病人在乡下住的房间，跟城里的牢房差不了多少。也许有些差强人意，但无论如何，这一时期还是兴建了许多远离城市的疯人院[1]，往往占地几百公顷，"乖病人"可以在这里放牧、挤奶、耕地、播种、收获、囤粮。

但这种方式也有弊端，会让病人愈发沉浸在自我幻想的世界里，

---

[1] 后来大城市扩张，吞没了许多乡间疗养院，沙朗通、维尔－埃夫拉尔和维纳季耶等疗养院都成了城市里的一部分。

自以为可以号令天下，唯我独尊。记得当年我还是个实习生的时候，有个病人把我当成了护士，他就像古时候的财主那样，故意把钥匙扔在地上，冷冷地发号施令："护士，给我捡起来！"

每个奖章都有反面。

纳粹的"安乐死"

希特勒下令让"精神病专家"挑出病人里"没有生存价值"的，关到毒气室里，或者是慢慢饿死，"剩下的"继续接受治疗。这种行为简直把自以为无所不能的疯狂发挥到了极致。为此，有个叫普凡米勒的医生杀害了成百上千个"治不好"的孩子，最终在纽伦堡法院受到了审判[1]。

二十五万个德国病人在这场浩劫中丧生。法国也有四万五千个病人没能幸免。相关的文字记载很少，希特勒早有防备，在跟德国医院院长们争论的会议上，就明确禁止保留相关政策的资料。我们只能找到一封来自维希政府[2]的信，信里要求圣罗贝尔医院，即后来格勒诺布尔附近的圣埃格雷夫医院选出治得好的病人，也就是六个月内可以恢复正常生活的病人，只给这些人吃的[3]。

---

1 帕特里克·勒穆瓦纳.《精神病人和战争》.《无限》丛书第65期：第26—31页，1999年。
2 二战期间，德国占领下的法国成立的傀儡政府。（译者注）
3 帕特里克·勒穆瓦纳.《精神病人和战争》.《无限》丛书第65期：第26—31页，1999年。

法国维纳季耶精神病院的主任医师安德烈·勒凯及其学生莱昂·勒韦迪完成的论文，是唯一公开署名明确拥护优生学[1]立场的文章[2]。他们之所以推崇优生学，是因为他们认为"因绝症或慢性病带来的高死亡率，即自然选择，改善了公共健康水平"。但所有这一切必须放在特定环境里来看待，诺贝尔生理学和医学奖获得者亚历克西·卡雷尔就曾经提出这样的理论：

> 用毒气室给那些谋杀犯、持械抢劫犯、绑架犯、剥削者和欺骗公众的骗子安乐死，让处决变得更有人情味、更经济实惠。那么是不是也可以用同样方法来处置犯了罪的疯子呢[3]？

毁灭精神病人——疯狂的实体，在每个时代、每个地方都屡见不鲜。

耶稣是个优生学家吗？

救世主不仅会治眼睛，用按手礼[4]神奇地治愈盲症，偶尔还会尝试用类似精神病学的方法驱魔治疯病。但是他的有些话会让人产生

---

1 优生学是指研究通过受控的选择性生育来改善人种的学说。此处的优生学因为包含一些违反伦理和人权的观点，所以争议很大。（译者注）
2 引自伊莎贝尔·冯·鲍特塞斯洛义的文章《1941—1942年的精神健康问题》，《纳粹屠犹历史杂志》第183期。
3 亚历克西·卡雷尔．《人类是个未知数》．巴黎：普隆出版社，1947年，第387—389页。
4 按手礼是基督教的一种仪式。（译者注）

2 金鱼的玄学

疑问，比如：

> 我是真葡萄树，我父是栽培的人。凡属我不结果子的枝子，他就剪去；凡结果子的，他就修理干净，使枝子结果子更多。[1]

又如：

> 倘若你一只手叫你跌倒，就把它砍下来。你缺了肢体进入永生，强如有两只手落到地狱，入那不灭的火里去。倘若你一只脚叫你跌倒，就把它砍下来。你瘸腿进入永生，强如有两只脚被丢在地狱里。倘若你一只眼叫你跌倒，就去掉它！你只有一只眼进入神的国，强如有两只眼被丢在地狱里。[2]

这样说来，如果集体里某个成员不能生产，或者不合群，就该被清除出去，这种说法无疑否定了浪子及疯子悔改的可能性，跟下面的说法有些自相矛盾：

> 一个人若有一百只羊，一只走迷了路，你们的意思如何？他岂不撇下这九十九只，往山里去找那只迷路的羊吗？若是找着了，我实在告诉你们：他为这一只羊欢喜，比为那没有迷路的九十九只欢喜还大呢！你们在天上的父也是这样，也是这样不愿这小子里失丧一个。[3]

---

1 《约翰福音》15章1—2节，和合本翻译。（译者注）
2 《马可福音》9章43—47节，和合本翻译。（译者注）
3 《马太福音》18章12—14节，和合本翻译。（译者注）

除非上帝所欢喜的是，迷失的羊自己找到了羊群，回归了集体。羊群里容不得异类。既然错在迷失的羊，那么教会自然会"小以惩戒"。成千上万的人，那些所谓"魔鬼上身"的人或是异教徒，都因为这个原因死在了宗教裁判所的烈焰下。

精神病院的极权诱惑

都已经说了这么多了，读者当然有权利问问：一个五岁小孩站在鱼缸前，幻想自己无所不能，有条不紊地拣出生病的鱼，跟精神科医生有什么相通之处呢？别忘了，直到20世纪50年代，疯人院院长的任期还至少是三十年，而且一接手就要管八百个左右的病人。这些悲情的"院长"跟同阶层其他人相比，挣的钱最少，职业本身也不体面。

以前的精神科医生主要有三个职责：一、医治病人身体上的病痛；二、防止病人逃跑；三、防止病人再次逃跑。既然在电击疗法和安定药出现之前，并没有有效治疗精神疾病的方法，那么成为精神科医生的真正动机、深层目的到底是什么呢？

光是想想我就脊背发凉。

你们可能会觉得我太夸张，不过也不能说你们完全没道理。毕竟时代变了。我在职业生涯里，见过不少独裁专制的院长。虽然他们中大部分人是出于好意，但多是我行我素、独断专行。幸好，精神科医生的队伍里不只是有法西斯，还有民主主义者、无政府主义者、共产主义者、进步主义者和保守主义者，归根到底，即使是疯子的世界，也跟别处一样，什么样的人都得有。谢天谢地，我还认识一些富有人道主义情怀的院长，战时[1]冒着生命危险，和平年代冒着牺牲前途的可能，不遗余力地保护自己的病人。

精神科医生是唯一不经患者同意（官方说法），甚至不顾患者意愿，给患者治疗的医生。虽然重症监护医生治疗昏迷的病人，儿科医生治疗婴儿，老年病医生治疗老年痴呆病人，治的也都是不能表达自己意见的病人，但是跟精神病人还不一样，我们是在精神病人不愿意的情况下治疗他们的。也就是假定医生比病人更了解病人自己的需求，这在法律和道德层面都是一种前所未有的状况。

行动自由乃是宪法赋予公民的权利，不通过审判就能限制精神病患的这一权利，算得上是法国法律的一大特色了。在大部分国家，尤其是英语文化国家（不一定是发达国家），精神病人的入院和出院都是由法官决定的。在法国，则是省长、内政部来管。这两者差别很大。因为一旦归到公共事务里，就跟司法不沾边了。1838年6月30日法案[2]造就的这一传统，无疑是一个严重的法律失误。最近举行了关于修正1990年法案的会议，会上我提出了这个问题，内政部的法

---

[1] 路易·雷沃尔教授就是这样一位英雄，为此差点儿进了集中营。有一次在接待拉瓦尔的朋友安热利省长时，教授为了给精神病人争取口粮，不顾1943年的维希政府的拒绝政策，表现异常固执。省长大人转向自己的手下，用一种在场的人都能听到的音量问道："这人是谁啊？这么狂。"
[2] 该法案规定病人住院期间无承诺权，需强迫他服从管理，法律容许由集体支出其住院费用。（译者注）

律顾问是这么回答的:"医生,您说得很有道理,但这是我们国家的传统,而且把问题推给法官的话,会增加开销……"

还有一个问题,那就是到现在为止,都是由精神科主任向省长提议是否强制病人入院或出院。如此一来,医生既要治疗不至于生死攸关的精神疾病,又要掌握病人的自由大权,怎么能允许这样身兼二职呢?从法律角度来说,这样过于专断,从医学角度来说,不符合治疗理念。我见过很多病人为了出院装出病情好转的样子,这时的精神科医生就好像教会学校里的神父,一方面让学生们真心忏悔,另一方面却借此严惩学生。

值得庆幸的是,主管的官员们开始意识到了这个重要的问题,并试图一点一点地修正,规定不再由一个人单独决定病人是否能够出院,而需要院长、一名非主治医生、一个或几个护士共同决定。

为什么精神病人连带着治疗他们的人总是被置于规则之外呢?甚至连纳粹都不给犹太裔的疯子戴黄色袖章[1],可能是觉得精神病比犹太人本身更邪恶吧。

精神病学的大师们

一旦成了鱼群的神[2],就很难再承认自己曾是迷途的羔羊,不管

---

1 指印有犹太教标志大卫星的黄色袖章。(译者注)
2 指作者已成为精神科医生。(译者注)

替你指路的向导是谁。但有个人对唤醒我的使命感至关重要，也是他让我对自己的职业进行了思考，他就是保罗·巴尔韦医生，在他退休后我才认识他。是他让我明白了，一个精神科医生首先要有同情心，其次要具有发散思维，能唱反调，惹人烦，甚至还要得罪人。精神科医生必须是个刺儿头，敢于特立独行。他认为精神病学应该是颠覆性的，我觉得他是对的，因为失去理性本身就是颠三倒四，是一种对既有资产阶级秩序的控诉。

我还能想起他当时的样子。他第一次走进阶梯教室的时候，我还是医学系的一个年轻学生，一个大惊小怪的冒失鬼。他谈了谈自己对现象学的理解，认为医生必须学会感同身受，才能跟患者交流，才会有同情心，才会去帮助患者。所以精神科医生必须是个好演员（尤其是跟其他人相比）。天知道他真面目是怎样的！他的医院每月都组织一次疯子派对，医务人员和患者齐聚一堂，谁表现得最疯狂，谁就是赢家，几乎每次都是他赢！

有天，他给我们讲解精神分裂症。他没有列举精神分裂的症状，因为"书里都有"，而是跟自己的一只手"一问一答"，通过这种幻想式的对话，让我们在一小时里明白了什么是精神分裂。所有的人，包括对精神病学不屑一顾的外科、产科和心脏科学生，都全神贯注地听他讲课，都对这堂课感到难以忘怀。我想教室里的所有同学，自此后都能立马诊断出病人是否精神分裂，因为他们在课上感受到的那种莫名焦虑、不自在和害怕，在跟精神病人对话时也会有。

图6 毕加索《坐着的女人》(精神分裂)

这堂课结束的时候,我们都在想:他还能完好无损地走出教室吗?他要怎么做才能把分裂成一片片的自己重新拼起来呢?

但他就是做到了。

他是我心目中的大师,1936年一工作就当上了利马尼奥尔河畔圣阿尔邦医院(位于洛泽尔省)的院长。他当时29岁,管着500个病人。上任不久,他就着手改革,试图把疯人院变得人性化。一周工作40小时以及带薪假期的管理理念,为某些职位招来了新员工,而从前这些工作只有修女肯做。

2 金鱼的玄学

后来战争爆发了[1]。

成千上万的精神病人如蝼蚁般死去。希特勒这个偏执狂，认为疯子比犹太人和吉卜赛人更可恶，一声令下，让四五万病人[2]在饥寒交迫中死在了精神病院，公众对此却一片漠然。时至今日，还有些历史学家，而且不在少数，认为法国从没有过优生学的倾向或者罪行，算了，随便他们否认吧。

圣阿尔邦医院是少数最早加入抵抗运动[3]的医院之一。还有罗德兹医院，也在加斯东·费尔迪埃医生的鼓动下加入抵抗运动。加斯东是安托南·阿尔托的精神科医生，曾救过饿得奄奄一息的安托南[4]，并在其家人的要求下，将安托南从巴黎转到了自己的医院。

巴尔韦听说蒙托邦附近的塞丰"外国难民营"有个西班牙裔的精神科医生，他马上就发了邀请信。因为曾经有个官员建议给医院再盖一栋楼，他明白地告诉对方："我们缺的不是围墙，我们缺的是医生！"

---

1 说到这里，我忍不住想讲一件事，读者可能一直想知道为什么我是现在在世的精神科医生中为数不多的没作过精神分析的人。其实，我曾经试过两次。第一回，给我作分析的人，在跟我初次面谈后的第二天就死了。第二回是1939年8月31日星期三，第二天二战就爆发了。我琢磨着精神分析实在是太危险了，就不敢再试了。

2 法国经济统计局的数据是48,588人。

3 抵抗运动是二战期间欧洲各国人民反对德国、意大利占领和奴役的反法西斯斗争的统称。（译者注）

4 阿尔托写道："三年里，费尔迪埃大夫对我进行了五十次电击治疗，试图让我失去自我的记忆，他觉得我的自我意识过强。"托派分子费尔迪埃回应说："他（阿尔托）指责我是野人，是屠夫。精神病院的医生都免不了被这么叫上几百几千回的。我这个职业总是为人诟病。病人自杀了，是我们的错。病人放出去了，杀了人了，还是我们的错。"

巴尔韦曾告诉我："弗朗索瓦·托斯凯尔读过的那些美国学者的书，咱们当时连听都没听说过。"1940年1月6日，巴尔韦终于把西班牙人托斯凯尔纳入麾下。托斯凯尔反对斯大林主义，是托洛茨基主义[1]运动的积极分子，1936年至1939年，身在加泰罗尼亚的他见证了平均主义和集体主义的乌托邦代替了人民阵线[2]的共和国。出于精神科医生的乌托邦幻想，他积极参加了内战，后来不得不伤心地逃离了佛朗哥[3]统治下的西班牙。

托斯凯尔瘪瘪的行囊里装着两本当时的新作，这在圣阿尔邦疯人院引起了热烈讨论。

第一本是来自德国瓦尔施泰因的精神科医生埃尔曼·西蒙写的《居斯特罗有感》。西蒙认为，医院本身就是病灶（就是说，医院会让人生病，所以需要先治好医院，才能去治病人）。医院的病症有三个：一是不作为（懒惰可是原罪之一、万恶之母），二是气氛虽不至于使人抑郁至死但是消极，三是片面认定病人没有判断和承担能力。以至于人们会怀疑，疯人院作为疯子的国度是否真有过改变。

第二本是雅克·拉康[4]的博士论文《论经验的妄想型精神病概念与人格问题》。精神病患的词汇、话语和行为是否具有某种意义？精

---

[1] 托洛茨基主义源于俄国十月革命的主要领导人列昂·托洛茨基。该主义以主张工人阶级先锋的马克思主义理论，反对斯大林主义和社会民主主义。（译者注）
[2] 人民阵线是西班牙人民反法西斯主义、争取民主的统一战线组织。（译者注）
[3] 佛朗哥是西班牙法西斯政权独裁者。（译者注）
[4] 雅克·拉康是法国哲学家、精神分析学家。（译者注）

神科医生要做的是否是去解读这些呢？作者从这一颠覆性的想法进一步阐述，指出精神病人并不是我们想象的那样，他们也是人，会思考，会痛苦，也应该被尊重。

沉睡在心里的七头蛇

一场伟大的冒险终于拉开帷幕，这就是集体心理治疗的开端。我一直是个集体心理治疗师，总觉得医院会变成有毒的地方，需要时刻提防和矫正，避免僵化和一成不变，以免腐蚀人心，让精神病人丧失独立性，不再向往围墙之外的生活。我刚做医院实习生那几年，医生们得过且过的态度和医院里万年不变的氛围让我备受打击。疯人院就像杀不死的七头蛇，砍掉一个脑袋又会长出新的，永远不会消亡。七头蛇沉睡在所有医护人员的心里，总在最不合适的时候醒来。

我现在协调管理着三十多家诊所，担子着实不轻。

我说过，精神分裂病人以为自己是神，是不朽的神祇，俯视着某个永恒不变的世界。精神病人希望世界永远没有变化，这种想法会传染，以至于治疗者们也会抵触精神病学科本身发生的变化。任何改革或发展的主张都会招来疯狂的反对！

巴尔韦和托斯凯尔有条不紊、创造性地颠覆了疯人院的格局。他们组建了病友俱乐部——一种微型的民主社会，这个社会对病人和医护人员一视同仁。1942年，巴尔韦呼吁成立了"热沃当社团"

（类似精神病研究会）。同一年，在战火纷飞中，他发起了《蒙彼利埃倡议》。在"法语国家精神科医生和神经科医生"年度会议上，他大胆指出法国的精神病院体制停滞不前、落后过时，"给精神病人提供的生存条件恶劣，无异于屠杀"。巴尔韦和托斯凯尔重申了赫尔曼·西蒙的观点，认为有毛病的是精神病院本身，所以要先治医院。我还记得巴尔韦曾跟我说过："总有一天，精神科医生不用再看着病人，只要盯着护士就够了。"

他说的话有时确实过于激烈。但正是秉承这种理念，在食物定量配给的情况下，所有医护人员、病人甚至是村民（2100人）都行动起来，为医院供应食物，这在当时沦陷的法国非常少见。还是在1942年，作为一个优秀的院长，巴尔韦从圣阿尔邦晋升到了里昂。一贯说话爱挑衅的他总说："离开洛泽尔省时，我还是贝当[1]派（主和投降派），到了里昂，我就成了戴高乐派了（主战派）。"

他的继任者吕西安·博纳费接过斗争大旗。他组织人在院子的各个角落都种上了荨麻，还与游击队取得了联系（这在当时非常不可思议），跟病人、修女和医护人员一起投身抵抗运动，与病人一道为秘密机场设置信标，方便盟军空投。所有人，包括病人在内，都在战争期间收容、藏匿或者照顾过受伤的游击队员。真是个神经又神奇的时代！

---

[1] 贝当是法国维希政府的元首、总理。1940年向德国投降议和。（译者注）

圣阿尔邦地处深山，远离城市，这样的地理位置便于避开纳粹或受佛朗哥迫害的地下分子们在此碰面。知识分子、医生和文人，其中包括诗人保罗·艾吕雅和特里斯坦·查拉、哲学家乔治·康吉扬等，都曾混迹在精神病人和工作人员里。这种独特的经历给他们带来了很深的影响。战争结束后，集中营被曝光，从集中营里出来的一些医护人员，比如马里于斯·博内，意识到了一个令人困扰的事实，那就是战前的疯人院跟布痕瓦尔德集中营等苦力营极其相似。他们觉得自己以前就像集中营监工一样，为此感到非常痛苦。他们的口号是"拒绝一切重演"，正是这个口号，让精神病学界萌发了让精神病人回归城市的念头，也就是现在倡导的不"歧视"精神病人。

永远的庇护所

精神病院的一大特色就是墨守成规。比如荒谬的"医生护士体制"吧，用了将近一百五十年。以前，精神病院只有两个工种：护士和医生。所以护士主要当园丁、印刷工、售货员、洗衣工、厨子、农夫、饲养员、信函收发员、司机、铁匠（我就见过！）、木匠，偶尔才会当护士。精神科医生们则是做院长、全科医生、心脏科医生的工作，（极其）偶尔才会当精神科医生。

我曾在里昂一家大的精神病院工作，当时不是住院见习医生。那时的精神病院体制正处于转变期。大家都在谈论医院的区域化、现代化、人性化和科学化。医院领导建议引入新的工种，也就是保洁人员（医院服务人员）。这下可好，三大医院工会同时撂挑子，反对空降的清洁工，理由是：打扫卫生和洗碗也会跟病人有接触，属于精神治疗的一部分，只有专门培训过的护士[1]才能胜任。我听说后整个人都惊呆了，不过我只是个实习生（精神病院的局外人），所以我的惊诧无足轻重。几年后，也就是最近，助理护士的出现又引来一片反对声，原因就像我刚才说过的，精神病院的员工跟病人一样，非得让医院保持一成不变不可。真是跟疯子呆久了……

20世纪的奴隶

她叫亨丽埃特，是继让娜·卡尔芒之后年纪最大的法国人。她生于1887年6月24日，死于1999年1月7日，一共活了112岁，其中有92年在疯人院度过，而且大多属于行政强制住院。她还是个小姑娘的时候，曾在一家别墅里做工，有天突然发病，然后就被强制入院了。虽然几十年来她的病情一直很稳定，但是强制令并没有撤销。她住院这么久，社保基金不知道花了多少钱，真想算算。亨丽埃特肯定能打破不少吉尼斯世界纪录。某个天气很好的日子，她当时大概85

---

[1] 在当时，精神科护士是一种专门的职业，有专门的学校，有文凭，但是没有国家认证的护士资格证书，所以他们只能在精神病院工作，不能做自由职业者或者去普通医院上班。

岁,我,年轻的实习医生,笃定而善意地问她:

"亨丽埃特,您病情稳定有三十多年了吧?"

"应该说是六十几年了,医生。"

"哦,这样啊,我给您找间漂亮又舒服的养老院养老,好不好?到时候您就能独享一个卧室,比现在的宿舍好多了。"(我很傻很天真地以为自己在做好事,有点自以为是了)

"医生,不是想冒犯你,但是,你真是个大混蛋!"

"???"

"我要求出院要求了十几年了,就因为我碗刷得干净,家务做得好,一直不放我走。现在我老了,您就赶我走啊!"

用"手足无措"来形容我那时的状态最合适不过了。我以为自己是个好人,结果被无情地归到坏人那堆里了,我顿时羞得满脸通红,不记得当时是怎么含糊过去的了。不用说,我把她留下了。她可以一直呆在熟悉的地方。这里就是她的家。我这辈子就只有寥寥几次想换工作,这就是其中一次,当时心想干脆去卖鱼缸算了。

我认识的很多令人尊敬的精神科医生或者院长,都会差使病人做事——整理花园,打扫屋子,洗公用车,等等。我还记得有个温柔的女病人替实习医生照顾孩子的温馨场面。当时没人觉得这有什么不对。这些特殊"雇主"里竟然还有人自称反对旧式精神科医生[1]。

---

[1] 反对旧式精神病学派,详见第五章中的"佛罗伦萨的伊佐洛托"。

人的思想真是奇怪，好像是一个个密封舱组成的，说风就是雨……

把人强制关在一个类似监狱的地方，强迫他劳动，基本不给工钱，这是一种什么行为呢？我前面说过，病人有"劳务费"，但是规定每天最多给够买两枚邮票的钱。大家可以算一算，一个月能拿多少。法国的守法公民一听说某些外国人还无偿使用"家奴"时，就吓得不行。他们知不知道，在人权国家法国，在巴黎、里昂、马赛、波尔多、里尔、斯特拉斯堡、尼斯和南特，直到20世纪80年代，官方仍利用劳动疗法之名，明目张胆地奴役了许多人？他们知不知道，在人权国家法国，如果不是一些比黑工还辛苦的被迫劳动者，医院都无法正常运作？

如果劳动疗法的目的只有治疗的话，倒是值得褒奖。然而在缺少资金的情况下，如果不强迫病人打扫卫生、洗碗、洗衣、侍弄花草的话，那么医院就无法运作。这种强迫他人劳动而又不给工钱的行为，不是奴役又是什么呢？有谁揭发过这些吗？人权组织？欧洲法院？国际刑事法庭？还是媒体？这种行为已经在西方持续了百余年，直到最近才停止，他们为此振臂一呼过吗？

> 在我看来，精神科医生最重要的职责就是保护我们中的弱势人群——精神病人。为此，有时甚至需要反对其他精神科医生。每一个精神科医生都该是一名斗士。

阿里的忧郁

阿里59岁[1]。他30岁来到法国，法语讲得不好，只能手舞足蹈地表达自己的意思。这几个月来，他一直睡不好，总是看到鬼怪[2]，觉得被该死的恶魔[3]附身了，被控制了，因而感到很害怕。他的全科医生认为这是胡思乱想导致的幻觉，所以给他开了安定药，但阿里的病情却加重了。他异常消沉，不吃东西。妻子声称要离他而去，他却毫无反应。我问他是不是感到"忧伤"，他没听懂，这不奇怪，因为阿拉伯语里没有这个词。最接近的词可能是"忧郁"，明显跟"忧伤"不是一个概念。

因为语言不通，谈话进行得很困难，我建议他下次带女儿来，帮他翻译。他的女儿阿伊莎27岁，出生在法国，已婚，完全是个法国人了。她说父亲自她15岁的弟弟夭折后，就变了个人。弟弟本来是被禁止骑摩托的，结果却还是出摩托事故死了。他很调皮，大家都叫他小恶魔。因此对阿里的初步诊断是哀伤导致的抑郁症。于是我开始为他进行抗抑郁治疗，并建议他定期与阿訇谈话。几个月后，阿里有了好转。他依然伤心，但是不再出现幻觉了。生活也不再那么难以忍受。妻子也在阿訇的劝诫下，决定留下来。

---

1 这个病历来自帕特里克·勒穆瓦纳与弗朗索瓦·卢普合著的《药方的误解》，巴黎：阿尔芒·科兰出版社，2006年。
2 阿拉伯神话中的鬼。
3 阿拉伯神话中的恶魔，也可以用来形容淘气的孩子。

如果一个精神科医生想理解病人，不想误诊误治，就必须要有扎实的人类学知识，要了解基督教文化、马格里布文化[1]、犹太文化，甚至越南文化，因为这些种族在法国最常见，当然还需要了解别的种族文化，比如非洲文化。

---

[1] 马格里布是北非摩洛哥、突尼斯和阿尔及利亚等国的总称。该地区受地中海和阿拉伯文明影响，形成了独特的文化。（译者注）

3 操场上的闲聊

你老爸是做什么的?

出乎我的意料,我的职业给儿女们的求学生涯带来了不大不小的困扰:每次小伙伴问到"你老爸是干什么工作的?"这个倒霉问题的时候,他们都觉得尴尬难堪、难以启齿。因为对于这些小傻瓜来说,精神科医生跟警察、税务员或者政客一样,都是不光彩的职业。

所幸的是,在操场上因为此事闹过几次不愉快以后,他们想到了应对的法子,他们会说:"我老爸是个医生,神经方面的专家。"这种打马虎眼的办法从小学一直用到进高中前。这以后他们又得想些新招,比如会说:"你小心点啊,你这么轴,被我爸见到,估计会直接送精神病院。"谢天谢地,至少他们说话更艺术了。

精神科医生的工作就这么见不得人?这么不受待见?这么上不了台面?这么滑稽吗?为什么呢?

因为疯病是会传染的。

图7 《疯癫与文明》

大家都知道，没有什么病比精神错乱更容易传染的了。瞧瞧人群中流言和恐惧扩散得有多快，就明白了。由此自然而然就会得出一个结论：因为精神科医生接近疯子，所以会跟他们一样疯。因为太怕被传染，所以不管是哪个时代、哪种文化，人们都试图把疯子隔离起来。就像米歇尔·福柯在《疯癫与文明》里描述过的对疯子的监禁，西方人总是试图找到方法免受精神病的传染，就像恐惧瘟疫、霍乱、天花或者是艾滋一样。

公墓里的歧视

大约十几年前，有一家精神病医院——曾经的疯人院，想要把从前的墓地变成一个又大又气派、很现代化的那种停车场。要知道，大部分病人都是就近下葬的，那块地方葬的除了他们就是疯人院的看守了。疯人院还有自己的农场、牧群、教堂、神父、杂货店、印刷厂、洗衣房等等，真正是麻雀虽小，五脏俱全。

院长给市长写信，希望把病人的骨灰转移到本市公墓去。好嘛！有那么一群"正义"之士干脆写了封请愿书反对。因为死去的疯子很有可能会污染到死前精神正常的人的骨灰。

对疯子遗体的排斥非常普遍。科西嘉岛上所有的精神病人都被"暂存"在博尼法乔市的一座建筑（现在是邮局）里，等着大白船一来，就把他们全都送到马赛或者蒙彼利埃的收容所去，不再回来。

有时病人在半路就死了，而海军公墓会隔成两部分，得到精心打理的是士兵们的墓地，墓前竖着白色十字架，有名有姓；无人问津的则是疯子的墓地，竖着黑色十字架，没名没姓，没有墓碑，异常凄凉。

这种孤立甚至体现在官方文件或规定里，外科、内科和产科被划成一拨，而精神科则被单独划到另一拨，而且精神科总是最后才被提及。直到今天，其他科室早就有的政策，比如"根据工作量收费"，精神科却还要等很久才会有。保险业还是一如既往的务实，不受理精神病业务。然而奇怪的是，欧洲人权法院从来没有收到过相关的起诉或者质询。最近出台的医患法，即《医院、患者、健康与区域法》，根本没提精神科，精神科的相关立法还遥遥无期。

难道反歧视运动不用管精神病人吗？

反歧视与促平等高级公署到底在干吗啊？

"精神科来病人了！"

那些治疗身体疾病的医生们，特别喜欢在里昂医院急诊部走廊里喊这句话。这些人瞧的病可都是看得见、摸得着的正经毛病，跟那些没有确切病灶的精神疾病不一样。每次给病人作完"神圣"的身体检查，领着病人去精神科时，他们都喊这句，意思是让精神科的医生给病人作精神检查。

图8 《治愈愚人》

搞不懂为什么这些人每次都会因为这句话笑个半死，精神科的医生就不太会这样，不过大家都知道，我们没什么幽默细胞。这些人不把玩笑话当回事其实是错的。弗洛伊德说过，玩笑总有隐含之意。笑可以排解焦虑，同样，精神病患者跟治疗师在一起时可以排解疯狂。把污染精神科的东西给驱逐了，精神科也就痊愈了，这就像是摁了一下抽水马桶。还有点像古希腊在战争、地震或流行病发生时举行的除祟仪式。这种时候，一般会找一个没人管的倒霉蛋、犯人、流浪汉或是疯子，放到精心装扮的花车上，游遍雅典的每条街道、每一个角落。一路上都有极度兴奋的人群欢呼簇拥着。除祟游街结束后，会处死或者驱逐这个人，不过在当时都逃不过一个"死"字。

精神科医生会被病人传染，这种想法古来有之，因此还衍生出了不少夸张的形象。其中最典型的是头戴漏斗的形象，疯子画家希罗尼穆斯·波希所作，这个名为《治愈愚人》的作品收藏在马德里普拉多美术馆。但大家通常都忽略了一点，那就是这种帽子其实源自中世纪犹太人常戴的黄色圆锥帽。人类就是如此可憎，忍受不了"异类"，当人群中出现"不守规矩"的家伙，就要把他作好标记，以便将他随时关起来，甚至消灭掉。历史中不乏这种恶行！把致命的、令人忧心的疯狂圈禁起来、消灭掉，这种想法不是今天才有的。这导致本来治病救人的人，也被看成了一路货色。

经过这些年的内心波动，我得出一个结论：不夸张地说，精神科医生最大的社会功能之一就是当替罪羊、做笑柄甚至被孤立。我们必须承受这些。我有时候甚至觉得我们就是靠这些拿报酬的！

> **我认为，精神科医生能减轻社会对精神病人的惧怕。不过要冒着与其同命运的风险。**

你好，忧愁

这已经是她第十一次自杀未遂了。她割过脉，也吞过药。去年跳楼摔得不成样子，又是打石膏，又是作康复训练。安托瓦妮特次次都死里逃生。她反反复复只有一个疑问："我在这世界上活着干吗？我一点也不想活，活着没有任何意义。"她住过二十五次院，累垮了五个精神病医生，吓退了五个精神科室。每次她出院，唯一可以确定的是她还会回来。

安托瓦妮特56岁了。她骨瘦如柴，毫无血色，衣着暗淡，从不化妆，没染过头发，也没梳过发型。但她已经结婚三十年了，有一个既爱她、她也深爱的丈夫。她有三个漂亮的孩子、五个孙辈。生活本来应该很美好。可是幸福并未如约而至。我在她的病房，看到她像一个没有一丝生气的幽灵，蜷缩在扶手椅里。她声音干涩，话不多，表情僵硬。她接受过各种治疗，比如使用各种抗抑郁药、安定剂、情绪调节剂，接受各种电击疗法。她说，每次住院以后，她的病情都会"稍好一些"，但很快又会恶化。她的小臂从上到下都是抓痕。抓痕之间还有用烟头烫过留下的圆形褐色伤疤。

"医生，你知道吗？身体上的痛会减轻一些心里的痛。"她说。其中有道疤就是不到一个小时前弄出来的。安托瓦妮特满脑子绝望。面对这样一个她，我能做的也很有限。我简单表达了我的意思，说："为了治好你，我需要好好思考，可是我会因为担心而分心。我怕你

3 操场上的闲聊

伤害自己，怕你会死。所以如果你愿意由我来给你治疗，咱们就要签一个协议，而且必须都要遵守。"我递给她一式三份的文件和一支钢笔，然后念道："我保证在接下来的两个小时里不伤害自己。"她、我还有护士都签了字。我把协议给她一份，给护士一份，自己保留一份，然后离开了病房。两个小时后，护士跟我去病房看她。我鼓励她说："你做到了，我现在没那么担心了。现在你可以写'我保证在明早9点前不伤害自己'。"接着还是同样的流程。第二天9点，我建议她签为期一周的不伤害协议。每周都要重新签一次。

直到这时，我们才开始对她的治疗。安托瓦妮特说起儿时曾被父母的朋友侵犯过。她至今想起某些细节还很害怕，然后就再也说不下去了。她被记忆折磨到不行时，就很容易酗酒。这些痛苦让她难以忍受。我给她开了异烟酰异丙肼，这是一种很老的抗抑郁药，如果跟特定食物或者药物混吃的话会有危险，所以用的人很少，但是药效很好。一个月后，安托瓦妮特好了一些。在她出院前，我给她算了一笔账：这十五年来，她一年有七个月都在医院里，很多时候都是被关起来，她不能再这样了，这不是人该有的日子，而且她这样花掉不少医疗公共基金。她被我的话逗笑了。我建议她定期住院——不管精神状况是好是坏，每季度都住院两周。两周后，不管好坏，都得出院。临走前，我又让她签了份新协议，那就是"我保证在下次住院前不伤害自己"。

三个月后，她如约回来住院。她还是一样痛苦，但胳膊没有再受伤，也没有再进过急诊室。至今为止，我已经治疗她十年了。这十年来，她没有再自杀过，也不再自暴自弃。她在一点点好转，脸上也逐渐有了笑容。她去参加了女儿的婚礼。更难以置信的是，她现在会戴耳环，虽然是不太起眼的那种。尽管还要很久才能彻底成功，但是我满怀希望。

4 精神病学爱分类

在非洲，村落的外围有专门的茅草屋，供经期的女人和流鼻血的人住，还有的是专门给疯子建的。而在西方，在有效药物出现前，疯人院除了把病人关起来外没有别的作用，疯人院雇的医生根本不是精神科医生，他们也不用治疗病人，只需看着病人就够了。为此疯人院把病人分成了好几类，有劳动病人（乖病人）、狂躁病人和痴呆病人等等，分别关在不同的区域。这个封闭的、隔离疯狂的区域，会带给管理人无限的权力。

这种精神病医院可能性极权的观点引起了激烈的争论，也让刚刚入学的我极为震动。《蛇窟》[1]中描写的疯人院，根据病情的严重程度，把病人关在不同级别的区域。大家很快就发现，护士长利用这种制度获得了权力，从而对病人进行敲诈和镇压。著名的《飞越布谷鸟巢》[2]中则是使用安定药、电击和脑叶切开术作为权力工具。

---

1 《蛇窟》，是马丽·雅内·沃德的小说，1946年出版。作者曾住过几年精神病院。
2 美国著名作家肯·凯西发表于1962年的小说。小说以疯人院意指美国式的社会体制，反体制意味浓烈。该小说后来被拍成电影《飞越疯人院》。（译者注）

理解疯狂：精神科医生手记

疯子的革命

维纳季耶是里昂郊区的一所大型精神病院（当年曾容纳2700个病人），我第一次去那儿的时候，五月风暴[1]正如火如荼。墙上刻满了标语，非常具有当时的时代特征，同时也不乏疯人院特色，比如"狡兔疯人院"、"何处轻吻冬天"、"精神病不存在"、"毒品万岁"。这在当时引起了轰动，住院实习生受罚，骚乱的始作俑者热拉尔·奥夫在出版名为《我不再是精神科医生》[2]一书后，被省里下令赶出医院，他却因为此书有幸跟作家贝尔纳·皮沃进行电视辩论。对驱逐令，官方的解释是：热拉尔唆使病人吸毒。

热拉尔·奥夫是个马克思主义者，反对旧式的精神科医生。在当时他只是个住院实习生。他认为不存在精神病，疯狂只是一种"社会异化"。他不认同"疯狂先于社会产生"这种形而上的理论。他思路清晰，声称精神病学正处于黑夜之中。而我们这些或多或少有些叛逆的大学生，最开心的就是看到顶头上司挨骂。所以看到他在书里把一个院长叫做"疾病归类墙"的时候，住院实习医生们都乐翻了。

这场电视辩论意义重大，同时也牵扯出了精神科医生必须回答的问题：承认或否认精神病的存在。也就是说，一个精神科医生可

---

[1] 指1968年5月在法国巴黎所爆发的社会运动。由学生运动开始，最后导致了整个社会的危机。（译者注）
[2] 热拉尔·奥夫.《我不再是精神科医生》. 巴黎：斯托克出版社，1975年。其实他从来就不是正式的精神科医生。

以或者应该问"精神病是否存在"这种问题吗?由此还会引出另一个问题,那就是,我们是不是都有点精神病呢?

医生的困惑

精神病估计是正常人眼中最古怪的一种病了,从很久以前,疯子就开始惹人困扰了。

所谓的疯子就是异类,跟可以拍成科幻电影的那种外星人差不多。太糟糕了,像谁也不能像个疯子一样。在这个群居的巴汝奇[1]式社会,类似蜂巢或是蚁穴,我们最不能容忍的就是不合群的异类。作为社会动物,我们非常需要归属感。我们无法将疯子(脱离轨道、胡言乱语的人)视为同类。跟疯子交流还会有被传染疯病的危险,所以怎么可能忍受他们呢?必须在正常人和疯子之间、健康者和病人之间、冷静者和易怒者之间,竖起高墙,划清界限,这也就是为什么精神科医生那么像昆虫学家和收集蝴蝶标本的人,那么执著于各种分类。《精神疾病诊断与统计手册》[2]已经出了第一版、第二版、第三版、第三版修订版和第四版,即将发行第五版,就是最好的证据。精神病医院和医生难道不该远离这种分类法吗?

---

[1] 巴汝奇是法国作家拉伯雷的小说《巨人传》中的主人公。他是法国文学中的第一个"市民典型"。(译者注)
[2] 该书与《国际疾病分类应用指导手册》(由世界卫生组织发行)一样,是对疾病的国际化分类。

理解疯狂：精神科医生手记

疯子是激情的奴隶，所想、所看、所闻、所行，都与常人不同。疯子通常坚信不疑，愈是自信，愈是自以为掌握"真理"，能凌驾于他人之上。因此我们会觉得疯子跟我们正常人不一样，存在本质性的差异。这种误解也不是什么大问题。可是……

小插曲

有天，我在街上碰到一个疯疯癫癫的人，独自大声讲话，还手舞足蹈。为了卖弄小聪明，我对妻子说："你看那边有个疯子。社区精神科医生不管用啊！"呃，经过那人身边我才发现，他手里拿着手机，卷发下藏着嵌入式耳麦——他只是在打电话而已。

所有人在夜里都会发疯。想想梦里那些狂野、超现实、猥琐甚至罪恶的场景吧，这种夜间的奇异冒险不会受到指责，也没有距离的束缚，我们每个人在入睡大概九十分钟后，就会完全癫狂。一晚上，我们会经历三四次完完全全、无可救药的短暂疯狂。

还有些人在垂暮之年跟酒神巴克斯勾勾搭搭，直白点说，就是喝得酩酊大醉。想想那些自以为比其他人都高明的醉汉，再想想那些醉态百出的大学生。一个正常人在喝醉时，通常会觉得自己独一无二、天纵奇才、英明神武、力大无穷、风流倜傥、逍遥自在，偶尔甚至觉得自己残暴不仁。喝醉的这几个小时，实际上就是个疯子。

也有些人去尝试非法药品。他们服用二乙基麦角酰胺、麦司卡林、安非他命、可卡因、海洛因，服用后人会产生幻觉，而且能记

图9　凡·高《星空》

得这种幻觉。不管是谁，只要吸毒，就会疯狂。正常与不正常之间并不是密不透风的，只需要使用一些化学分子，神仙也在劫难逃。

我们看到一些年轻人身入大麻之国，便一去不返，就像只拿着一张"去往疯狂国度的单程票"！有些药品确实会带来不可逆转的效果，导致一些表面正常的年轻人越过底线成为疯子，彻底地精神分裂。有时不用借助药物，就可以体验到类似致幻剂带来的幻觉。水箱致幻曾经风行过三十多年，美国著名畅销书作家丹·布朗在《失落的秘符》里也提到过：把人放到充满37℃浓盐水的水箱里，完全隔音隔光。人在水中失去一切感知，听不到，看不到，触不到，很快就会被彩色的幻觉包围，就此进入幻觉之旅。

理解疯狂：精神科医生手记

精神科医生就好像昆虫学家

幸亏我们精神科医生作了严格分类，区分开了精神分裂症、类妄想症、判断妄想症、青少年热情缺乏症、隐匿性精神分裂症、抑郁症、痴呆、早熟、妄想痴呆、紧张症、慢性幻觉性精神病、寻求赔偿症、精神过敏症。每个精神病人都被仔细地归到了属于他的那一格里，让忧心的守法公民们放心。而且这些都是慢性病、顽疾，基本上过了三十岁，"正直绅士们"就不用再担心会患上了。

但是还有些间歇性精神病，比如突发急性妄想症，就像是一道晴天霹雳，任何人都有可能中招，然后发几个星期的疯。狂躁抑郁症（两极紊乱）也会找上普通人，准确说是比普通人优秀一些的人，把这些人变成想要自杀的忧郁鬼、大手大脚的享乐分子、色情狂、俗不可耐的双关语卖弄狂。有多少天才深受其苦或是从中受益？

我们必须要承认一个残酷的事实，那就是我们每个人身上都藏着疯狂的种子，而每个疯子身上都有一部分理智。"他们"跟我们之间存在着通道和桥梁。我们对这些生病的同类，最缺乏的就是尊重和同情。

"现代"精神科医生创造了新型的"国际化"的分类，准确说是英美式分类，这些分类在《精神疾病诊断与统计手册》第五版和《疾病和有关健康问题的国际统计分类》第十版里明确列出了。这些分类声称不涉及理论，只进行描述。但其实不然，无论如何否认，这些分类都是建立在神经科学的基础上的，认为精神错乱是由神经元紊乱造成的。虽然全世界似乎都对此达成了共识，但是我本人依旧认为这是一种错误的假设，因为这种假设过于强势。

　　这些分类有一个很大的好处，比如我在谈到两极紊乱时，我知道世界上其他精神科医生也这么说，他们能懂我的意思。但是这些分类也有一个很大的缺陷，因为它们本身有一种虚假客观性，所以显得很可靠，以至于越来越多的精神科医生把它们拿来做挡箭牌，好像很有科学依据似的，结果就忘了应该结合临床看问题。但恰恰是因为精神分裂的临床症状会让我产生疑问，会让我产生某种感受，所以才能让我"主观地"辨认出精神分裂，治疗病人。除非这种观点已经过时了。如果真是这样，那就太让人生气了。我曾经在加利福尼亚的一个"纯神经科"呆过，那里的病人被当作客观物体一样对待，治疗效果非常糟糕。我当时曾说："法国就不会这样，我们一直都有临床传统……"我真怕自己搞错了。不管怎样，只要是我管理的科室和诊所，一定不会让这种事情发生的。

> "我认为，精神科医生的职责是辨别出谁是疯子，谁不是。"

酒鬼难不醉

约瑟夫今年58岁,可是看起来却像是70多岁。工作丢了,老婆跑了,孩子们也不理他。偶尔跟他聊几句的,只有他常光顾的酒馆的老板和小区里的其他酒鬼。约瑟夫从记事起就总喝醉。13岁第一次喝醉,14岁第二次,之后醉的次数他就没记过。他只喝法国产的红酒和白兰地,每次说起这个都一脸傻笑。约瑟夫已经"忍受"过十几次戒酒治疗了。结果是完败。他在精神科住过至少二十多次院,送急诊的次数连他自己都记不清了。他说:"至少有三十次!"

这回,在一次酒后震颤性谵妄[1]之后,他又来到了我在的科室。差点送命的他信誓旦旦,说自己真的再也不喝酒了。同样的话,他上次说过,上上次也说过。我告诉他我是来帮他的,不是来害他的,相信他的话只能是害了他。他没明白。我只好再给他解释一遍:"您酗酒,而瘾君子的病症之一就是撒谎。我不会因此就说您品质有问题,就像我不会怪一个得流感的人会发烧一样。可您要明白,不管怎样,我都不会相信您说的话。所以您骗不了我。"他还是不明白。我接着说:"想要获得我的信任,需要时间和坚持。"约瑟夫爆发了,说:"您这是在侮辱我。我是下了决心才来的,您却说这些话来打击我。"第二天,他就签了放弃治疗的文件,没得到我的同意就出院了。

---

[1] 酒后震颤性谵妄是指长期滥用酒精后突然停饮产生的一种急性脑病症状群。(译者注)

4 精神病学爱分类

我跟他说这些话是对还是错呢？我想试试别的招数。第三天，几乎醉死的他又被送到了急诊。他要求去别的科室。急救的人没答应，还是把他送到了我这儿。他跟我保证说，这次他是真的想明白了，他肯定再也不喝酒了。我对他说……

当精神科医生，就得学会做西西弗斯，把石头推到山顶，明知道还会滚下山去，也要一次又一次往上推。推到哪一天呢？没人知道。

图10　西西弗斯推石

5 治愈灵魂的良药？

灵魂医生、心灵治疗师、精神照料者，这些不可靠的富有民族色彩的概念，在一个传统中医看来完全是离经叛道、荒诞至极的，因为后者不会将身体与精神、肉体与心灵、躯壳与灵魂区分开来。笛卡尔难道错了，而且错得很离谱吗？[1]

灵魂真的会生病吗？怪哉。从形而上的角度来看，不管是在地狱还是天堂，不管是上帝的选民还是下地狱的坏蛋，灵魂都是不死的。但发了疯的灵魂就无药可治，只能永远疯下去，这也太不合理了。而且天堂飞来飞去的都是头戴漏斗的家伙的话，肯定会出乱子的！

图11　笛卡尔

---

[1] 笛卡尔是典型的二元论者。他主张世界有精神和物质两个独立本原的哲学学说。（译者注）

要是一个非洲人、亚洲人、印第安人或者因纽特人出现了精神问题，他们甚至连看医生的念头都不会有。因为只有隐士毛拉、巫师或者萨满才能治好灵魂的问题。医生只管看身体的毛病就好。

精神病这种病症是否真的存在？它到底是属于医学、哲学、社会学还是人类学范畴？这个问题一直困扰着知识分子，甚至是政治家或者一般民众。一些疯狂的理论也因此应运而生。

反精神病学[1]的潮流

在20世纪60、70年代，人们认为精神科医生一无是处。一点好作用都起不到！他们是资本主义的走狗，镇压无产者的工具，而疯子则是贫苦大众中最贫苦的。照这个观点，我只有回乡下种菜，保证菜不发疯就好了！四十多年前，美国精神病专家托马·萨斯则写道：

> 精神疾病这个概念是一种空想。虽然有些特定具体的现象被归结为精神疾病，但这只是一种比喻的说法而已。也就是说，精神疾病只存在于语言层面，并不存在病变事实。那么精神病学也只是一种文字游戏，被一群人（不加节制地）利用而已，根本不能诊断和治疗病人[2]。

---

1 反精神病学兴盛于20世纪60、70年代的西方，是对精神病学科的本体论反思，围绕着精神病人的自由、平等和权利展开。（译者注）
2 托马·萨斯则.《精神疾病的秘密》.巴黎：帕约出版社，1975年。

理解疯狂：精神科医生手记

新纪元运动[1]的兴起，导致致幻剂当道，大麻之旅风靡一时。自此以后，精神分裂患者因为可以不借助药物而进入迷幻状态，而被视为超级英雄。还是安德烈·勒凯医生，只不过观点发生了180度大逆转，竟在20世纪80年代公然声称"精神分裂者给我们展示了未来，他们才是21世纪的新人类"。他认为，治疗这些幻想者，就如同谋杀莫扎特、凡·高或者爱因斯坦，要知道，天才都有些疯狂。

这一代人里有许多支持共产主义的精神科医生，他们认为精神病学不是也不应该成为医学的一个分支。精神病治疗是政治和宗教势力的专制工具，染指医生的白大褂，号称治病救人，其实是防止所谓的病人给社会添乱，主要靠的是强制手段（关医院、关单间、禁足、强制束缚衣、皮带、安定药、电击、切除脑叶、欺骗或者威吓），这些都与宪法和法治国家的原则相悖。卫生署的专员们每次委派精神科医生时，都会或多或少表现出这种观点，他们的训话也在以下两者之间摇摆：

一、精神科医生必须保证公共安全与秩序，言外之意就是要防止病人伤人或伤己。如果一个抑郁症患者出院后自杀了，或者一个躁狂患者出院后杀了人，主治精神科医生可能就会有麻烦。

二、精神科医生无权干涉公民的来去自由，即使是一个病人，其自由也受到宪法的保护。精神病院应当是开放式的，病人外出散

---

[1] 新纪元运动是一种去中心化的社会现象，起源于1970—1980年西方的社会与宗教运动。（译者注）

步无须获得医生的许可。

这一悖论至今仍无解决方案。

佛罗伦萨的伊佐洛托

这里我想讲一件事情,这件事对20世纪70年代里昂的很多精神科医生来说记忆犹新,这些已经退休的医生总是一遍又一遍讲起这场小型"凡尔登"之战,都到了令人厌倦的地步。

时值1969年4月,佛罗伦萨正在举行第三次意大利—法国—魁北克会议。里昂有十几个实习医生,受到"意大利式和英式反精神病学思潮以及马尔库塞提出的'弗洛伊德主义的马克思主义'[1]"等的影响,来到托斯卡纳,并聚集了一批同样被拒绝参加佛罗伦萨会议的人,开启了"会外会"。

他们看不惯官方会议的形式主义和因循守旧,在阿尔诺河右岸偏僻的贫民区伊佐洛托另起炉灶。伊佐洛托这座孤岛,对于精神病治疗的强硬做法非常敏感,本堂神父曾因为左派倾向被教区主教问话,然后被强制关进附近的疯人院。虽然神父很快就被放了出来,但是教堂已被挪作他用,他也被调往别处。当地的民众在失望之余,很快就开始了与天主教无关的其他活动。

---

[1] 米歇尔·吉莱.《历史,回归理性,68年之后》.《社会生活与治疗》2001/3(第71期):第52—57页.

理解疯狂：精神科医生手记

每周日，人们都会在简陋的棚屋举行"大型座谈会"[1]，为的是让世界改头换面，等待无产阶级革命和专政之夜的到来。有一天，座谈会的话题是精神病治疗。保罗·巴尔韦是当天的主讲，有成百上千的意大利人欢呼迎接，因为是他"推倒了精神病院的围墙，拆掉了栅栏，烧毁了束缚带"。同天晚上，美第奇宫也在举行官方的全体会议。会上，一位来自里昂的实习医生，如再世的萨沃纳罗拉[2]一般，拿过话筒，准确说是夺过话筒，发表了一篇演说，让与会的精神科医生们目瞪口呆、怒不可遏。后来，聚集在会议厅一角的十几个伊佐洛托居民占领了会场，大会回到了人民手中。

会场闹得是沸反盈天，骂声一片，与会的官员们推来搡去，正派人士们纷纷离去，大会就此散场。晚上10点钟时，反精神病学斗士们独占美第奇宫。第二天《团结报》高度赞扬了这一事件，认为这开创了"政治精神病学"之先河。巴尔韦表示："这是我人生中最美好的一天。"官方会议最终未能举行，会议日程安排的报告一篇都没发表，也没再组织过第四次意大利—法国—魁北克研讨会。

这一出悲喜大剧，虽然有点泼皮造反的意思，但完全可以成为一部动人小说的题材。"反精神病学的堂吉诃德们战胜了横行霸道的风车——精神病学的学院派。"此外我们不应忘记的是，对后世影

---

[1] 米歇尔·吉莱.《历史，回归理性，68年之后》.《社会生活与治疗》2001/3（第71期）：第52—57页。
[2] 萨沃纳罗拉是15世纪后期意大利宗教改革家。（译者注）

响极深的、反精神病学运动的真正主旨。

英国的库珀、埃斯特森和莱恩是反精神病学的典型代表:

> 在一般人的印象里,精神分裂的人是最典型的疯子,行为荒诞不经,粗鲁异常。在嘲弄正常人的同时,也被正常人视为废物。行为毫无章法,逻辑混乱,至少在常人眼中如此。但我们也许可以从荒谬的表象中,找到实在的意义。精神分裂者最后的选择只有两个,要么全面投降、完全放弃自由,要么离群索居。大部分潜在的精神分裂者在面对选择时,都会选择离开家庭,住进精神病院,这与他们家人的想法不谋而合。[1]

戴维·库珀强调回归本真的好处,呼吁尊重回归,即使中途乱作一团,也要坚持贯彻到底[2]。忘掉所学,走出医院和研究所,不再盲从医疗技术进步,与精神病人一起生活,分享日常琐事,忘记精神病学的教义,了解精神病人本身。关于自己,关于我们,精神病人其实懂得许多。应当取消旧式的精神病院,库珀为此做了一个广为流传的实验。他在伦敦郊区一家大的精神病院里建立了精神分裂者之家。实验从1962年开始,1966年结束,选在21号楼进行,不采用或者完全颠覆传统的精神病治疗手段。

一个跟我一起住院实习的实习生布鲁诺·穆尼耶(老兄,你肯定

---

[1] 戴维·库珀.《精神病学与反精神病学》. 巴黎:瑟耶出版社,1970年,第39—41页。
[2] 《心理治疗和精神分析教程》:第280页(参考网址:http://www.psych-inte.org/fr/sommaire.php)。

还记得自己说过的……）常对我说："帕特里克，要想做好精神科医生，你就得丢掉旧的那一套。"这种理想主义有时会导致略显激进的做法。一些反精神病学医生打着尊重病人的旗号，不使用安定药，认为这是在束缚精神，会扼杀精神分裂者的创造性，是资本主义镇压的接力棒；认为安定药跟电击一样，妨碍了精神病人的幻觉冒险。

正是出于这种观点，法国一家精神病院才会在某个病人发病时，既不限制其行动，也不加以治疗，为的是不妨碍病人的幻觉体验。这个病人又吵又闹，还打人，惹怒了其他病人，他们把他关进房间，然后放了把火。这个不幸的人活活被烟呛死了。刘易斯·卡罗尔《爱丽丝漫游奇境》式的诗意荒诞改革，最终以社会悲剧新闻收场。

1981年5月玫瑰浪潮[1]席卷法国，当选者们认为精神错乱源自病态的社会，所以当选后不久就来到了"自杀干预中心"，想在疗养院关门前参观一下。疗养院的负责人感到很惊讶，问他们为什么会这么笃定，得到的答案是"我们发起的社会改革

图12　埃舍尔《现实》

---

[1] 玫瑰是法国社会党的标志，当时社会党第一次赢得总统大选。（译者注）

会消灭自杀现象"。玩笑？幼稚？还是天真？这就不知道了。但是足以显示反精神病学运动的影响之深刻持久。可以料想，上述当选者很快就明白现实没那么简单。三十年以后，这家疗养院一直都还在，总是满员。这不由让人唏嘘，但事情就是这样。

阿尔卑斯山那头的反精神病学运动

反精神病学运动在意大利尤为壮大，1978年时达到鼎盛，一度导致所有的精神病机构都关门大吉。这一政治动作的发起者叫佛朗哥·巴萨利亚——一个精神科医生，1961年以前，他一直就职于帕杜神经和精神病诊所。这时期的他跟巴尔韦一样，热衷于现象学和存在主义，这两者都对他产生了决定性的影响。1961年和1971年，他先后担任戈里齐亚和的里雅斯特精神病院的院长。两年后诞生的名为"民主精神病学"的运动席卷了整个意大利，成为督促政治团体和工会的重要社会力量。

1974年一个阳光明媚的日子，"特洛伊木马"，不对，应该说是"的里雅斯特之马"第一次踏出了疯人院的高墙。马尔科是一匹一直为疯人院效力的老马，脾气温和，勤劳卖力，医院的护士和病人都爱它。老马去世后，艺术家们在病人们的帮助下，为老马做了一个蓝色的纸塑，装裱得像狂欢节花车一样，病人们拥着车走街串巷，为善良的蓝马欢呼。组织者把这次活动看作重新占有城市的象征，也是这样运作的。

蓝马在1983年春到过蓬皮杜[1]，接着跑遍了整个欧洲。1981年，法国的一个反对精神病壁垒的组织就起名为蓝马。

与此同时，巴萨利亚正一步步摧毁自己任职的医院。为了打破等级，改变医患关系，他每天都组织全体会议，让大多数患者们可以唠家常，目的是不再让精神病患者当二等公民。这种会议让精神病学界耳目一新。在巴萨利亚的推动下，戈里齐亚医院（的里雅斯特旁边）的所有精神病医生都递交了辞呈，拒绝继续做《住院精神病人地位法》（1904年）的傀儡执行者，借此表达对司法和治安部门的政治不合作态度。当局干脆批准了辞呈，换了一批正统、守法的精神病医生。戈里齐亚实验就此终止。

意大利媒体对"戈里齐亚事件"大肆渲染，继续宣扬原倡议者们的思想——精神病学不应只局限在技术范畴里，社会与精神病患者之间的关系需要重新定义。巴萨利亚开办了第一批精神疗养院，并最终关闭了的里雅斯特精神病院。这接二连三的举措使得风气为之一变，开启了立法改革之路。终于在1978年，意大利议会通过了180号法，规定关闭全国所有精神病院。

但令人惋惜的是，并不是所有的意大利精神科医生都像的里雅斯特那批人一样作好了第一手准备。在许多地方，住了一辈子院的精

---

[1] 蓬皮杜是法国国家艺术和文化中心。（译者注）

神病患者不得不露宿街头,这导致流浪者的数量和犯罪率攀升。

由于目前工作的原因,我经常会去意大利出差。我得承认,有时候真的很惊讶,意大利在很多方面都很落后,比如几乎没有公立精神病机构,精神病人都收容在私人机构里。两年前,我受邀去参观一家大型诊所。那是在一栋老式公寓里,内部装饰奢华老派,新文艺复兴式的房间,墙上都是壁画,房里到处是身穿睡衣的精神病幽灵,他们坐在地上,神经被药物过度抑制,一整天都摇摇晃晃,或者抽烟,或者乱逛。当然不会有男女混住的情况,病人和护士都一样。这种情形在法国三十多前就见不到了。由此可见,原来的倡议者们真是好心办了坏事。公立精神病院关闭后,取而代之的是大量的私人精神病院,条件更差,其他发达国家早就没有私人精神病院了。

意大利的精神病学界还没有从极度理想主义中振作起来。许多地区的精神分裂病人受条件限制,病症发作,却很难找到治疗的地方。造成这一灾难的原因很简单,因为反精神病学认为"精神疾病不存在,单纯是文化和环境的产物"。这种论调本身就是一种谬论,真是错得不能再离谱了。精神病从来就有,到处都有,而且很有可能会一直存在下去。

我去过很多精神病院,印度尼西亚的、中国的、日本的等。我还在加拿大、俄罗斯、美国以及吉布提和突尼斯的医院工作过,后两处呆得不长。我也在也门、马里、缅甸和危地马拉等地,见过被拴在街边柱子上的病人。我得出一个结论,有史以来最伟大的精神病学家克里佩林在一百多年前也得出过相同的结论,那就是,不论在任何国家,精神分裂症都能得到确诊。也就是说,精神病会有具体的身体表现,所有认为精神病单纯是精神、社会和政治因素造成的观点,都是错的。不能否认,有些病症比如精神性厌食、紧张、焦虑和失眠,确实大都或完全由文化、环境因素造成。但这并不适用于精神病的情况。拿精神分裂症来说,可以明确的是,该病发病频率平稳,不论文化、时代或政体如何,发病人数也比较固定。狂躁抑郁症,现在叫两极紊乱症,也是一样,上述两种疾病应该都与遗传性感情脆弱有关。虽然这种推断会让人不舒服,但基本上已经是盖棺定论了。

强制劳动收容所

另外一种被政治化了的精神病学来自苏联。反对无产阶级专政的那些政见不同者,被视为异类、精神分裂的疯子。苏联整整一代精神科医生都在对另一批人进行"鉴定"、监禁、抑制神经,然后送这些人去强制劳动改造,这些被打上"慢性精神分裂者"标签的其实是政治上的反对派,而给他们安定药,算是去西伯利亚前的"优待"了。

直到1977年,在皮埃尔·皮绍教授的主持下,世界精神病学协会在火奴鲁鲁举行的一次国际大会上,最终制止了这种惨无人道的做法。会议谴责了苏联的精神科医生,并成立国际委员会,调查并揭发他们出于政治目的滥用职权的情况。为此,苏联精神病和神经病医生协会在1989年雅典会议时,暂时退出了世界精神病学协会。

可以看到,在危机四伏的年代,精神科医生在各种趋势之间摇摆,主要趋向两种极端。

一、确定精神病存在。精神病人是社会的累赘。马尼昂首先提出了退化论,亚历克西·卡雷尔以及里昂的罗谢进一步发展了这一理论。

> 人的寿命延长了很多。有缺陷、退化的人的数量也随之上升,这些社会的'残次品'因为不能自然淘汰,而导致整个种族的退化,并成为集体的负担。多数情况下,这些瑕疵和退化会遗传给下一代,如果不能完全消灭,怎么做才能减少它们呢?[1]

二、认定精神病不存在。精神病只是一种颠倒状态,需要消灭它。所有反对无产阶级专政的都是疯子,都需要改造或消灭掉。

如此一来,一个精神科医生可以有以下几个选择:

——成为极权体制的傀儡,消灭疯子(德国的做法)或者镇压政见不同者(苏联的做法);

——成为理想主义的傀儡,否认事实,知道精神疾病的症状和

---

[1] A.罗谢,里昂的卫生学教授,这句话引自他1938年出版的作品《消除疾病遗传报告》,这份报告由省政府资助。

痛苦，通过立法把精神病患丢到街上，以另一种方式排斥精神病患（意大利和某些美洲国家的做法）；

——反对、抵制以上两种行为；

——低调行事，龟缩，等待"一切"过去。

危机时期做个精神科医生真不容易啊！

> " *我觉得，精神科医生就该颠倒一切。因为精神病人是一切颠倒的。* "

精神病人也幽默

克洛维斯是一个精神分裂症患者。他同时还是"俄国第一代沙皇"和"法兰西共和国总统"。从前的精神科住院医生考试包括一项临床测试，我会安排考生"实战"，让他们检查真正的病人。我会选一些长期患病的病人，因为他们不那么容易被这些莽撞的新手给刺激到。

每当这种时候，克洛维斯都跟过节似的。我记得有一年没选他，他赌气了好几个月。今年他跟从前一样，又问我："您这回想让我扮成什么样的病人呢？精神分裂症、类妄想症、偏执症还是青春期精神分裂症？大夫，跟我说说您的想法。"然后他就会照做。

他对自己的"总统"职位尽职尽责，总是密切关注着自己"同行"的各种发言。1974年4月的一天，总统大选正进行得如火如荼，他幸灾乐祸地对我说：

"密特朗完蛋了！"

"？"

"他昨天说，胜利就眼前，可以看到就在地平线处。"

"所以呢？"

"地平线只是一条虚构的线，你在前进的同时，地平线永远在后退！"

科室的秘书有些苦恼。她不知道跟克洛维斯打了什么赌，输了，得请他吃饭。她带他去了离医院很近的一家小馆子。入座的时候，秘书想活跃一下气氛，于是说："总统先生，您请坐。"克洛维斯白了她一眼，说："没事吧你，咱这都出了医院了！"

由此看来，疯子也会幽他一默。

6 《家庭生活》

"家，我恨它！"（安德烈·纪德）

虽说连纪德都不太爱自己的家，而且不同文化下家庭结构差异也很大，但无论如何人类总归是家庭动物。这也就无怪乎精神病学家如此关注这一人类最基本的单位了。

反精神病学最主要的代表是格雷戈里·贝特森和加州的帕洛·阿尔托学派心理研究所。1952年，人类学家贝特森得到了洛克菲勒基金的一笔资助，研究"传播中的抽象思维悖论"这一主题。贝特森曾经参加过控制论研讨小组，与不同领域的大师进行过探讨。这回的研究小组包括一个传播学的、一个人类学的，还有一个精神病学的学生。他们最初关注的是幽默、禅宗和催眠这三个方向。贝特森最后还是决定研究精神分裂患者的交流问题。1954年，另一位精神病学家唐纳德·D·杰克逊，也加入了研究小组。当时贝特森根据实验心理学家克洛德·贝尔纳的内环境理论和美国生理学家W.B.坎农的内环境稳态理论，研究家庭内部交流过程，发表了名为《家庭内环境问题》的文章。

1956年，帕洛·阿尔托学派发表了《精神分裂症理论》，引入了"双重束缚"这一概念。他们认为精神疾病是家庭内部交流障碍的结果。家庭内部出现精神病病例，是为了适应家庭内部交流失调这一状态。为此，他们需要证明，家庭中某一个成员康复或者离开后，另一个成员就会代替他的位置，成为家庭里新的精神病人。简易的临床观察表明，一堆兄弟姐妹里，如果那个患精神病的人痊愈、离开或者离世了，就会有另一个成员代替他的位置，就好像家庭内部调节中必须有一个替罪羔羊作为症状个体，才能保持家庭内环境的稳定。

这一理论在当时掀起了轩然大波，动摇了精神病学科的许多经典理论，推动了精神病家庭治疗的发展。1971年，肯·洛奇拍摄了《家庭生活》，电影中充满了反精神病学以及帕洛·阿尔托学派理论家们的批判观点与思想。1975年，马尔科·贝洛基奥拍摄了黑白纪录片《解放了的疯子》，记录了让精神病患者重新回归社会的实验，虽然拍摄手法异常枯燥，但依然取得了巨大的成功。如今，现代发达国家的许多精神病学派都在使用家庭治疗法，大致可以分为系统性（帕洛·阿尔托学派）和分析性两类。

如今，精神病的存在已经无可非议，得到了流行病学、神经生物学和遗传学方面的佐证，不久的将来还会有免疫学方面的客观证据。有人可能会以为系统性家庭治疗虽然方法没有那么过激，不会"把小孩直接从致病家庭领走，送到基布兹[1]去"，但跟反精神病学一样，从理论基础上就是错的。其实不然，家庭治疗的实践者们对患者家

---

[1] 基布兹是以色列特有的一种集体社区。（译者注）

庭主要持友好态度，会制定严格高效的治疗协议，帮助饱受折磨的家庭。他们不会对患者的父母横加指责，而是去支持和引导，这样通常会取得显著的成效。另外，现在的家庭治疗派不再否认精神病实体的存在了，只是建议在治疗患者时应当考虑到致病因素的问题。

而且他们的办法很可行！

> " 我认为，精神科医生还能治疗夫妻和家庭。我本人非常愿意帮助有困难的夫妇。"

家，我爱它

让-吕克被强制入院时才刚刚18岁。一天晚上，在村里，他把当养路工的哥哥种好的树全都拔了出来，仔仔细细又重新种了一遍，不过树根都露在外面。他还把柴堆在了马路正中，导致了事故。如此一来，他只有乖乖地住院了！

他的故事乍一看好像是帕尼奥尔[1]的套路，但其实是左拉风格的。让-吕克是家里第十一个孩子，也是老小，四岁的时候被一个好心的宪兵带走了：他那时整天都被拴在地下室的一张桌子上，用一

---

[1] 帕尼奥尔是法国著名剧作家。（译者注）

个狗盘子吃饭,宪兵实在是看不下去了。他父母都是酒鬼,按宪兵的话说就是"一个星期不到就能喝完一桶酒"。宪兵强行把他带走,然后通知了儿童法官,法官将他托付给卫生和社会事务局,后者把他放到了寄养家庭。自此以后,宪兵整整照顾了他十四年,这期间他"坏事做尽,烧了宪兵家的棚子,弄坏了两辆自行车,还偷钱"。

让-吕克刚一成年,就离开了寄养家庭,回到了父母在的村子去报仇。他的十个哥哥姐姐也跟他一样挨过打,营养不良,看过喝醉的父母大打出手,但都没有被寄养。现在他们都有了工作,有了另一半,有了孩子,都正常过日子呢!

我为让-吕克操了不少心。我真心以为可以帮到他。我几乎每天都为他作检查。他的病情在好转。他脑子不好使,但人挺好,甚至有点讨喜。后来在一次准许外出时,他放火烧了一间空屋,于是被关进了监狱。这样的情形已经持续将近三十年了。三十年来,他不是在精神病院就是在监狱,整个生活都被毁了。这对我来说也是一大失败。

再不堪,再恶劣,父母终究是父母,比寄养家庭要好,至少在上面这个故事里是这样。对自己被推向社会和代理监护人这件事,让-吕克一直耿耿于怀。

7 危机文化还是文化危机？

不可否认，我们的生活方式对自杀率是有影响的。自从埃米尔·涂尔干在1897年发表《自杀论》后，自杀率这一社会学标记才为公众所知。看媒体铺天盖地的报道，最近法国电信自杀的员工尤其多。左派认为这是总统萨科奇和他的无道德自由主义造成的，右派则认为是危机造成的。显然两者都有，但我觉得，最主要还是归咎于我们文化的突然转变。

虽说经济危机最近更为严重，但在我印象里，从我上班开始，就没有哪个时期是没有危机的。危机这个词之所以频频出现，难道不是因为我们一直想要变化吗？难道不是因为我们想要摆脱那难以忍受的工作条件带来的糟糕心情吗？

我们的社会结构发生了变化，这是人类自己带来的，人类自己却无法适应了。人类诞生后的几百万年来，一直是十人到三十人小群聚居迁移，这一点与大猩猩或者狒狒类似。在原生态自然环境中生活的某些人类种族如今还保持着这一特征，但他们正在逐渐消失，成为传说，大部分的"山林野人"，比如巴布人、侏儒人、布须曼人、涅涅茨人和佐伊人，如今手里都有半导体收音机、手机和手提电脑。

7 危机文化还是文化危机？

虽然"无情的"大都市里挤满了人，但这些人分别聚在城市的不同区域。巴黎、里昂、马赛和纽约其实都是由蒙马特区、红十字区、勒帕尼耶区和格林尼治村等等小的区域组成的。没有哪个城市能够摆脱这种现象。

从人类文明伊始到20世纪60年代，西方社会和企业是下面这样一幅图景：大部分地区都是乡村，小作坊最多雇十几个人，工厂老板认识所有的工人，大家也都认识他。虽然家长式管理有其局限性，但是有一个好处，就是有认同感。我可以对老板有爱憎，至少我知道他是谁，可以认同也可以不认同他。

再后来，跨国公司的员工动辄就是几万人，甚至几十万人。办公室是开放式的，人与人之间有时候只有电邮联系。有的人甚至连他的老板是哪国人都不清楚。只有贴身保镖、管理层和总部的人认识总裁——他高不可攀，遥不可及，非常抽象，仿佛生活在另外一个宇宙，拥有金降落伞[1]、高额退休金、私人司机和椰子树下的寓所。如此一来，人们对他很难再有爱憎。

但是我们会发现，有一部分先进的人已经逐渐适应了这种社会格局。如今很多人被形容就像是柏油路上的花朵，只爱柏油马路、尾气味和剪秃了的梧桐，怕极了乡村里的一切，怕令人抓狂的安静，怕咬人的蚂蚁，怕粪味。有一种理论认为，恐惧来源于物种对危险的应激

---

[1] 金降落伞指的是雇用合同中按照公司控制权变动条款，对失去工作的管理人员进行补偿的规定。（译者注）

机制。比如，我们会怕狗是因为我们的祖先害怕狼。同理，我们会害怕黑暗、蛇、老鼠和蜘蛛，都是因为我们保留着对远古时期的模糊记忆，那时候这些动物实实在在威胁着人类，害怕它们是很有必要的。现在的人被分成了两种：一种是半农村人、手工业人，另一种是城市人、工业人。这种过渡的状态带来了持续的危机，导致了暴力。

做组织工作的人在进行工作安排时，应当考虑到这个问题。就比如工作时间的安排吧：几年前，得益于职业病学的发展，我在一家大医院进行了一项研究[1]。研究倒班的时间以及个人时间习惯是否跟停工、通勤交通事故、工作失误、暴力倾向有关。也就是说，如果一个晨型人、夜型人或者两型兼具的人被迫在一个自己不喜欢的时间段上班，那会怎么样呢？比如一个夜型人不得不在早上六点上班，或者一个晨型人不得不工作到晚上十点。

研究结果在大洋彼岸引起了巨大的反响，但在法国没有引起丝毫关注。研究证明，身体不适、缺勤、车祸和暴力与个人节律受限之间存在联系。最严重的就是夜型人的例子：夜型人因为担心不能早起，所以整晚都没能入睡，折腾了一夜之后，上班路上撞到了梧桐树。个人节律被工作安排打乱导致不良后果的例子还有很多。

某家公立医院的人力主管曾经发起过这样一个提案，建议让护士自选工作时段。于是作了这么一个调查："如果可以选择的话，你

---

[1] M.瓦永，P.勒穆瓦纳，V.阿尔诺·白里安，M.德雷富斯.《倒班工人睡眠紊乱几率和影响》.《心身研究报》第53期：第577—583页，2002年。

是想一直早晨上班、晚上上班还是早晚轮换？"结果是，三分之一的人选了早上，三分之一的人选了晚上，还有三分之一的人愿意早晚轮换。人力主管很开心地搓了搓手，感慨道："这就好办了！"不要忘了，公立医院是法国缺勤率最高的单位。而精神病院员工的缺勤率是医院中最高的，这其中护士的缺勤率是最中之最。也就是说，精神病院是全法国缺勤员工最多的单位。这项提案如果通过，对人力主管来说无疑是个好消息，这样做既可以减小工作负担，又可以提高出勤率。结果工会和医生都不同意这个提案。

为什么呢？工会说是为了保护员工的"既得利益"，医生们则搬出了法国传统。这家医院的工会习惯反对雇方的一切提议，不过这也是所有工会的传统。医生们的理由是："我们希望能够熟悉并经常看到所有的护士，这样才能保证团队和治疗的协调性。所有医护人员都必须知道病人的治疗进展，定期参与检查和谈话。"

人力主管回应说："你们可不可以变一下习惯？比如偶数周早上检查，奇数周晚上检查。"这个提议引起了激烈的反对："一直都是在早上给病人作检查的！"确实，19世纪的时候，有名气的指导医师都是早上在贫民医院做义工，下午回到城里的诊所，从有钱人那里挣生活费。就这样，医院早上检查的传统一直持续至今。主管知道自己失败了，但还是小声说："你们现在都是在医院做全职，客观上来说，没理由不接受两周变一次检查和诊断时间。"对此，医生们只是报以怜悯的微笑。自选工作时段提议就此作罢。可惜了，对吧？

理解疯狂：精神科医生手记

因为我是睡眠方面的专家，所以经常去养老院，或者美其名曰"无独立生活能力老人休养所"。出于员工工作时间安排的考虑，养老院的老人们要在晚上六点到六点半吃饭，七点半上床，他们会很快入睡，然后在七个小时后凌晨两三点时醒来，他们的夜晚就这样结束了。他们起床、乱逛、叫喊、焦躁，总而言之弄得一团糟。夜间值班的人和一部分老人被弄得不得安宁。但是给捣乱分子们的安眠药又给得太晚，结果第二天早上，药效还没退，他们整个白天都昏昏欲睡，不愿在阳光下多呆一会。昼夜颠倒，人也越来越萎靡不振。要是在从前，他们可不会在安眠药的影响下摔断股骨颈。

这种可悲的画面再次证明了体制的弊端：雇员（多么恶劣的词）被迫适应企业，而不是企业适应雇员。很少有企业会在雇人的时候，就确定未来员工的生理学、心理学和社会学需求，让员工可以根据喜好，自选工作时段、开放式或者封闭式办公室。

其实这种掌控工作环境的感觉可以让员工更舒服。员工将会更有活力，减少旷工，企业的生产率也会提高。法国是欧洲国家里社会对话最少、工作负担最重的国家。怎么解释法国的这又一个特例呢？达尼埃尔·林哈特认为[1]，欧洲其他国家的公民都没有把工作看得如此重要。工作代表着荣誉和尊严。萨科奇总统当选时的口号不正

---

[1] 来自私人精神病诊所协会2010年3月25日在巴黎化学之家举行会议的记录。可在协会官方网站上查看（www.uncpsy.fr）。

7 危机文化还是文化危机?

是"多干活多挣钱"吗?而在西方其他国家,生活、家庭、娱乐跟工作一样重要,甚至比工作还重要。可在六边形的法国,失业、食利、游手好闲或者当家庭主妇,都是很不体面的事情。

对很多劳动者来说,职业道德和企业利益之间偶尔会有冲突,因为效益跟质量有时不能并存。法国还有一个问题,那就是工会的不可靠以及阶级斗争的消失。在战后的光辉三十年[1]里,共产主义曾经是重要的政治力量,成百上千的工人参加集会和游行示威。那是一场集体共同的战斗,所有人一起战斗。现在的工作负担不像从前在煤矿里那样是纯体力上的劳累,而是一种精神上的痛苦和孤独。

法国的这种与众不同,使得法国雇员承受着内心冲突、职业病痛苦甚至代偿失调,从而可能诱发心理身体的并发症,甚至导致自杀。我们的同胞为什么会处于这种境地呢?法国百年来手工业、教堂建造业和其他高责任感行业的传统,以及法国大革命宣扬的价值观,似乎都对此有着重要的影响。相较之下,英国文化认为,工作就只是工作而已。而美国人想的是:"只要我的工作能达到老板的要求,我就是合格的,其中不会夹杂丝毫个人情绪。"完全的实用主义!

法国这种工作至上的信仰,跟生态自然主义[2]和伊丽莎白·巴丹泰[3]激烈批判过的蒙昧主义[4]一样有害,害得我们许多同胞都生病了,

---

1 光辉三十年指1945—1975年,这三十年间法国经济迅猛发展。(译者注)
2 生态自然主义是一种较为激进的绿色政治与哲学理论。(译者注)
3 伊丽莎白·巴丹泰,《冲突:女性与母亲》,巴黎:弗拉马里翁出版社,2010年。
4 蒙昧主义是反对理性、反对科学的唯心主义思潮。(译者注)

让像我一样的精神科医生忙碌不堪。

> **我觉得,精神科医生还可以为企业和管理者当当顾问,提提意见。**

很多认知行为心理学家也在充当教练的角色。这是不是他们该做的事情呢?这就得另说了。

酷暑夏日的抑郁

吉塞勒已经退休了,但还不算老。每年有八个月她都活力十足,魅力非凡。她就像是小区里一道阳光,参加各种社团、赈济会,去旅行,去养老院看那些"老奶奶",参与为穷人提供食物等帮助的"良心餐厅",总而言之,虽然她不信教,但是个大好人。但是十几年来,每到夏天,她都会沮丧地缩在床角,哭干"所有的眼泪",直到虚脱。这四个月里,她不见任何人,不笑,几乎不吃东西,只吞糖块,也不怎么洗澡。她觉得浑身没有力气,也没有欲望干任何事。这五年来,为了治好她,我试尽了各种方法,但都没能阻止这种夏日抑郁。我一遍又一遍地问她问题,试图找到罪魁,发现某种身体疾病,但始终毫无头绪。

7 危机文化还是文化危机?

但今年,当我问了她"您今年夏天吃过什么药吗?"这个我问过无数遍的问题以后,她像往常一样回答说:"没什么特别的,就只吃过治阵热的药。这病在天热的时候更让人难受,所以妇科医生给我开了一种止痛药。"我让她把药拿给我看看。她所说的"止痛药"是一种名为阿格雷阿尔的安定药,确实是用来治疗阵热的。但这种药因为丑闻在几年前就退出市场了。我当时动作很夸张地(没忍住)把身为罪魁的药扔进了垃圾桶,强调性地说了一句:"今年夏天,您再也不会抑郁了。"

她后来再也没犯过病。

8 教条主义

精神科医生间的门派芥蒂

至今我也不明白,精神科医生们是受了什么诅咒,变得这么教条。每当一个新的宗教,啊,不对,应该说是新的理论诞生以后,就会完全否定其他理论,自命为真理。哈内曼的顺势疗法[1],弗洛伊德的精神分析,斯金纳和巴甫洛夫的行为主义学,都是很好的例子,而且绝不是特例。生物学家、遗传学家、药理学家、系统学家以及完形心理学家也都是这样,而且不止如此,甚至同一个庙里的和尚还要分门别派呢。弗洛伊德派、拉康派、克莱茵派等等,自从诞生以后,就一直宣称自己才是正统,于是互相倾轧,否定别的学派。同样的道理,药理学家一听说有人想试试用幻觉剂治疗,马上就会一通狂轰滥炸外加各种羞辱。

最近我作了一份关于职业病心理身体并发症的报告,我的一部分思路来源于对承受压力的小白鼠的研究实验。坐在我旁边的女士,是拉康大神的信徒,用一种同情兼之鄙夷的神情打量了我一下,说

---

[1] 顺势疗法是德国医生哈内曼创立的。意思是为了治疗某种疾病,需要使用一种能够在健康人中产生相同症状的药剂。(译者注)

道:"人跟小白鼠可不一样,动物根本没有'镜子阶段'[1],而且它们不能理解自己的欲望。"(拉康著作里的原文!)这么混淆标准而又偏激的问题该怎么回答呢?没法回答。(太恼火了!)

每个宗教都有自己的"圣经",信徒们确信自己掌握了唯一的真理,把其他人看作没有信仰的人或者是异教徒。所有的信徒都不会对教义产生异议,因为这是神谕,也几乎不会去讨论或者反对教义,否则很有可能会被视为亵渎。

医学上的教条主义真是数不胜数。其中最害人的理论可能就是体液学说了,在西方流行了两千多年。这个蠢理论让我们的知识停滞不前了好久,也让不少人失去了生命。当时这个理论得到了教会的支持,成了无可争议的真理,只要谁敢有异议就会被教会送上断头台。帕拉塞尔斯和拉伯雷以及其他许多人都曾经撰文隐晦地批评过。

世界心理学史一直在心理发生论和器官发生论之间摇摆。谵妄症和歇斯底里症既可能是心理原因造成的,如病人着魔妄想、入异教、不怀好意、装病或者有俄狄浦斯情结,也有可能是解剖学、生物学原因造成的,是有形的,可以量化的,能发现病灶。如果是第一种原因造成的,一般会通过驱魔仪式、磁性疗法、舞蹈疗法、催眠、集体或个人祷告、禁食和精神分析等等方法来治疗。如果是第二种原因造成的,则会利用药物、电击和外科手术。中世纪开颅

---

[1] 镜子阶段是法国心理学家拉康提出的一个概念。指在此阶段,6—18个月的孩子通过对自己在镜子中的影子作出不同的认识,确认了自己身体的同一性。(译者注)

图13 俄狄浦斯一家

取石（导致疯狂的结石）这种血腥做法就属于外科手术的一种。

进入19世纪以后，心理和器官假说之争变得更加白热化：一面是退化和遗传说以及化学疗法、电休克疗法、电磁疗法和脑叶切开术，另一面是心理分析学、认知行为学说、反精神病学和家庭疗法，我就不一一列举了。持遗传学观点的儿童精神病医生跟精神分析师们之间的冲突，已经不再局限于会客厅里了，有时甚至会演变成深仇大恨。

观点——精神分裂的病因

其实这些理论不是完全对，也不是完全错，都有自己的道理。除非能证明是错的，否则房间里多些光线，总会更敞亮一点。最近出现了一种综合性的新学说，是关于精神分裂的，但也适用于两极紊乱症，它认为，精神分裂的病因有以下几种：

——遗传性脆弱，某一个或某一组基因会让病人变得脆弱，但是不存在精神分裂基因；

——子宫内创伤（来自母体的病毒性感染）或者围产期痛苦（难产）；

——生长环境恶劣（家庭内部交流问题）；

——童年创伤。

上述每一种都跟病毒学、精神分析、认知学、行为主义、生物学以及家庭系统理论多少有些联系。

启示宗教

顺势疗法和精神分析这两种理论的传播采取了启示宗教[1]的方式。哈内曼或者弗洛伊德扮演了摩西、耶稣或者穆罕默德的角色。这两个人作为理论的缔造者，被视为先知，他们带来了"圣经"，其

---

[1] 广义来说，所有宗教都可称做启示宗教。因为基本上，它们都相信，天主（神，或绝对者）以许多不同的途径将自己显示给人类，而人类也力图按照神的显示来生活。（译者注）

中内容无须验证,因为这是神授的真理。这两种理论的信徒都不能忍受他人质疑他们的"圣经",认为亵渎者就该被扔到专给死刑犯用的乱坟岗去。比如抵制精神分析的人,就经常承受这样的诅咒。我不知道多少次听到这样的挑衅了:"不会吧,可怜的帕特里克,你还没进行自我精神分析呢啊?你的阻抗[1]很顽固啊!"这些精神分析学派的朋友总是用一种无比怜悯的语气说这句话,好吧,又引用他们的话了,但是真的很毒舌啊!

图14 弗洛伊德

如果我的出版人选择另一位著名精神科医生西吉斯蒙·拉茹瓦来回答"精神科医生有什么用?"这个问题,对方的回答肯定是"精神科医生,就是要分析自己,分析世界"。我真的没夸张。当然,现在时代变了,大多数精神分析师也没有那么独断专横、唯我独尊了。但是相信我,在20世纪70、80年代,面对精神分析的吸引,尤其是朋友们显而易见的同情,比如"那个倒霉蛋看起来好像也没那么晦

---

1 阻抗是精神分析术语。(译者注)

气",真得有把硬骨头才能挺过去。

弗洛伊德最初的设想是,把精神分析作为苏格拉底助产术的现代延伸,不同的是,雅典哲学家苏格拉底通过自己演说来培养学生,而弗洛伊德则是通过让学生发言来培养他们,让学生实行某种意义上的自助"分娩",并实现当时普遍的痴念——"自己洗刷掉自身的恶"。所谓的恶指的是儿童时期未解决的性问题,由于过多的禁欲,而造成的各种情结、神经症和内心冲突。

精神分析或者准确说精神分析师的最大问题就是,只能接受来自内部的批评。任何外人,不管是精神科医生、哲学家、历史学家还是普通人,只要敢略有微词,肯定立马挨上两下大棒子,颜面扫地:

——"你没有体验过,所以你不能讨论。精神分析是一种不能交流、无法用语言表达的体验。"

——"你之所以批评精神分析是因为你在进行无意识地阻抗。"言下之意就是:"你先进行一下自我分析,之后再说吧。"

这种循环论证根本没打算给讨论留余地,根本就没触及问题的本质:精神分析有什么用?能不能在科学上站得住脚?这让我想起了弗洛伊德是怎么压制病人的,如果有病人敢对他有一丁点儿的怀疑,他的态度是,如果病人接受他的解释,就说明他的解释是正确的;如果不接受,就说明病人本身存在阻抗。如此一来,维也纳的精神大师就没有错的时候。我希望各种理论的持有者不要作为对立者(我就不是)来展开客观的讨论,但有两个前提:

——精神分析师接受他们的理论艺术是可以被质疑的，而且质疑者精神健康，会批评也不是因为有神经官能障碍；

——对待批评，可以接受和讨论，但不要夹杂私人感情和辱骂。《弗洛伊德批判：精神分析黑皮书》[1]中的某些段落确实有些过激，但这本书材料翔实，论据充分，应该引起大家对良心的审视和公众的讨论，而不是让恐慌的尖叫充斥我们的媒体和耳朵。

想要知道他们的论点是如何乏味和充满攻击性，只要看一看巴黎精神分析协会贝尔纳·布吕塞的反应（2005年12月）就够了，他写道：

> 《黑皮书》完全是一小撮人的恼羞成怒，某些从前是精神分析师或者自称是精神分析师的人由于主观原因，如自我分析、职业规划或者初次分析尝试的失败等，使得他们认为精神分析太过理想化，被过度神化。他们不去反思自身的原因，反而把失望和苦楚归咎于心理分析师和心理分析，为此他们通过教育和出版物，来推广与之相对抗的认知和行为主义疗法，甚至不惜奉献自己的一生。他们恼羞成怒，还因为外长把他们的调查结果[2]从外交部网站上给撤了下来（这一做法值得非议），等

---

[1] 卡特琳·梅耶尔.《弗洛伊德批判：精神分析黑皮书》. 巴黎：阿雷纳出版社，2005年。
[2] 法国国家健康和医学研究院基于美国的研究成果对心理治疗方法进行了评估，评估结果放在了外交部网站上，后来传言说部长杜斯特·布拉齐在跟拉康的女婿雅克-阿兰·米勒吃过"一顿晚餐"以后，把评估结果从网站上撤掉了，而且在一次精神分析会议举行之前，部长特别强调了这次撤销行为。

8 教条主义

于公开否认了他们,这无疑是他们出版《黑皮书》的真正原因,而且在秋季开学出书还能大赚一笔。

假想对手的失败经历,并就此进行无耻的推理演绎,还暗示对手趋利逐利,这完全不是良性的讨论方式。医学上没有也不该有门派芥蒂,任何人都不能宣称自己完全掌握了精神病学,因为这是一门复杂的、包含多种因素的学科。好的精神科医生必须首先是好的临床大夫,有足够的情感同化和同情的能力,才能理解他人。此外

图15 弗洛伊德冰山假说

还需要掌握日新月异的神经科学。习性学和人类学也是基本功，如果非洲人和亚洲人、阿尔萨斯人和布列塔尼人、基督徒和穆斯林或者犹太教徒都使用同一个治疗方法的话，等于是在否定差异，也就失去了治疗的基础。家庭研究、政治和社会环境考量也非常重要，因为人类是社会动物、家庭动物，不考虑这些肯定不对。还有就是，每个人都有自己的历史，经历过一些事情，这些都印刻在我们的脑海里，我们来自某一种家庭结构，是兄弟姐妹中的一员。这些事情都会记在头脑里，而不是像某些人说的那样完全无知（蒙田）或无意识（弗洛伊德）。不进行精神分析（虽然是为了弄明白我们喜欢或憎恶某个病人时究竟会怎么做，会如何行动、遗忘、思考以及失误），依旧会被视为精神科医生治疗方法的重大缺憾。

于我而言，我从来没想过给自己进行精神分析，因为我觉得没必要（我一直是这么为自己辩护的！）。我的老师们认为，你得觉得痛苦或者至少出现某些症状，才要去看精神科医生，但"不凑巧"的是，我一直感觉状态良好，很幸福。于是，我的幸福能力导致了我在精神分析方面的"无能"[1]。

---

[1] 不过大家放心，我也不是真那么无能。我接受过正式的心理剧分析的培训，我甚至跟法国群体精神分析、心理剧分析、机构分析培训与研究中心的专家合作过，参与了沃克松培训中心（隶属司法部）的工作。另外，我其实进行过群体精神分析，只是没有过个人精神分析。好吧，我知道这两者是不一样的。

趣 事

我有个很要好的朋友一直想要进行自我精神分析。但是他跟我一样，心理很健康，这就不太好办，因为神经症痛苦从某种程度上来说正是治疗的动力源。他苦苦找寻，就是没找到可以下手的症状。最后终于被他想到了：他这么渴求自我分析，肯定是某种内在原因的外部症状！也许是很严重的，谁知道呢？

精神分析治疗建立在移情现象上，也就是说，精神分析对象会把自己对亲近的人（主要是对异性家长）的那种未完成的感情，转移到精神分析师身上。精神分析师就像是一面镜子，他会体会到病人曾经的感受。如果自我分析正确，他会找到病人爱他或者恨他的原因，从而控制这些因素，不让这些因素出现。

麻烦的是，有时候海边看场的人并不会游泳。

跟精神分析师发生关系

精神分析的原则是无意识状态。当病人躺在躺椅上，想说什么都行，身后是一个"中立友好"的听众时，就会出现移情，"精神分析对象会把无意识内容投射到精神分析师身上，于是在精神分析对象眼中，分析师有了现实中他并没有的特点。通过分析这些投射，随着时间推移，慢慢会发现精神分析对象的问题究竟在哪"。弗朗西斯·帕舍给出了移情的广义定义（1975年），移情是"幼时对父母的欲望、情感和感受的再现后转移到了新的对象身上，但是新对象及其行为并不认可这些"。

许多移情案例都与爱情有关，病人需要分析的问题也大都是爱情方面的。在这种情况下，很容易造成反移情，"精神分析师在分析过程中，面对分析对象的无意识情感，产生了无意识的回应"[1]。通过推断，精神分析师可以感应到委托人的爱意或者恨意，弗洛伊德警告过分析师不要有实质行动，避免发生性关系，所有这些只能存在于幻想中。

现实情况又是怎样呢？美国的一份全国性调查表明，7.1%的男性精神科医生（1057人）和3.1%（257人）的女性精神科医生承认与患者发生过性关系[2]。80%的情况是男医生加女病人这种组合。全都是反移情的结果！调查认定"违规"的精神科医生里有41%的人后来寻求了心理咨询帮助。另一个文章则认为有0.9%—12%的精神科医生，也就是平均6%的精神科医生发生了实质行为[3]。

我可不想被当成是道学先生，但是当我看到这些数字后，如果

---

[1] 同94页注释1。

[2] N.加尔雷尔，J.埃尔曼，S.奥拉特，M.费尔德斯坦，R.洛卡利奥.《精神科医生与病人的性关系全国调查结果Ⅰ：机率》.《美国精神病报》第143期：第9—13页，1986年。

[3] 瓦朗·R.普奇.《精神力学、心理治疗和精神分析的违规警示录》.《焦点》第5期：第407—411页，2007年。

谈不上愤怒的话，至少也是目瞪口呆了。希波克拉底誓言[1]和职业道德规范都禁止医生这样做，不管你是哪科的医生，只要违禁就有可能遭到刑事诉讼，如果受害人是承受严重或轻度精神疾病的病人，那么医生的犯罪情节会加重，因为受害人属于弱势群体。

2001年2月，《人道报周刊》里伊丽莎白·鲁迪纳斯科这么写道：

> 我不能断定这样的事在教育者和未成年人（15—18岁）之间是否很普遍，这需要根据不同的案例来分析。但是总体来说，教育者不应该与受教育者发生性关系，就如同精神科医生或者精神分析师不应该与病人发生性关系一样。但这不属于犯罪，只是违反了一种禁忌，应该受到行业协会的惩罚。

真不知道这位大精神分析师说的行业协会是哪种协会，因为没有哪家教育者协会委员会还能对会员有司法约束力的[2]！她有何德何能可以作这些评断，凭什么决定如何构成或不构成犯罪以及如何处置。

而我，就算是个可恶的道学家又怎么样，我还就是了，我觉得精神科医生可以做很多事，但绝不能跟病人睡觉。

---

1 流传约两千多年的确定医生对病人、对社会的责任及医生行为规范的誓言，以希腊医生希波克拉底名字命名。（译者注）
2 节选自文章《清教徒诉讼》，引自弗朗索瓦丝·多尔托《书信生涯》，巴黎：加利马尔出版社，2005年，第907—908页。

理解疯狂：精神科医生手记

精神分析有什么用？

精神分析是一门科学吗？科学的目的是证实普遍规律，描述、解释或者预测现象。波普尔曾不厌其烦地指出，伪科学的特点是"不可证伪"、"不可反驳"以及似乎"总是能得到证实"。他写道："任何理论都可以轻易获得证实或者验证，只要我们想去证实。"如果有人问他，在他那个时代久负盛名的弗洛伊德和年轻的爱因斯坦谁才是科学家的话，他会很干脆地选择后者，因为相对论与精神分析相比，是可证伪、可反驳、不能验证的，而且相对论也不是什么都能解释。一言以蔽之，精神分析不能是科学，只能是伪科学。那是不是就该一棒子打死呢？精神分析是一种治疗吗？与弗洛伊德和格罗德克的观点不同，雅克·拉康认为精神分析的目的不是治疗，"痊愈只是附带的结果"。症状消失只是一个或然结果，而不是必然结果。他能承认这一点至少说明他坦诚。在大西洋彼岸的美国，一些行业协会想要知道是否该把精神分析运用到精神治疗中去，于是展开了精神分析是否有效的调查，对大部分案例来说结果都是否定的。在治疗抑郁症、恐慌性障碍、歇斯底里症、恐惧症或者强迫症方面，精神分析似乎都没有起到作用。只有人格障碍治疗的案例结果是肯定性的，然而，举个例子来说，一个怕被遗弃的人，也许只需要跟和蔼的医师每周谈几次心，就会有所好转，而精神分析师只不过是充当了神修导师而已，并不一定是精神分析起到了治疗作用。

另外必须指出的是，精神分析有一些禁区是不能碰的，以抑郁症患者和精神分裂症患者为例。对精神分裂症患者来说，跟别人说话不理他，会加重他深层的被害妄想。而对抑郁症患者来说，不停地提到他的童年和他以前的生活，会加重病情，阻碍他展望未来，让他不停地琢磨已经过去的事情。我经常引用的一句格言就是：你状态好的时候，精神分析能让你更好，状态不好的时候，它只能让你更差。

如果精神分析既不是一门科学，也不是一种治疗方式，那么它能有什么用呢？我觉得首先要改正一个观点，大家都以为只有科学或者医学会认证过的做法才算是好的、对的，但是这世界上好的、对的不单单是医学啊！精神分析是一次探寻内心的奇妙旅行，是对未开垦的无意识层面的一次发掘，是难以言喻的独特冒险。发现自己身上埋藏的意外之宝，这难道不是所有智者的终极目标吗？

你们不要把祖宗留下来的遗产变卖掉。那里藏着宝藏。

拉·封丹难道也作过精神分析？《农夫和他的孩子们》里的这句话让人有这种错觉！尤其是故事里父亲还说道："不怕辛苦，好好干活，这才是取之不竭的宝藏。"同样地，精神分析也需要勇气和坚持。精神分析会很痛苦，很多人都坚持不下去。但是这一切都值，就像我说过的，精神分析也是一种教育方法，教你"分娩"出自我，类似苏格拉底运用和教授的助产术，只不过这里说话的不再是老师，而是学生。这样做会更痛苦，但是也更有效。

图16　拉·封丹

精神分析并不是发现我们身上隐秘的宝藏的唯一方法。如果喜欢单干，可以通过冥想[1]、烦恼[2]、幻想达到同样目的，如果觉得需要指引，则可以求助于宗教或者教练。

现在流行的是"综合性精神病学"，我很欣赏这种充分利用各种方法的做法。必须态度谦逊、知识丰富，才能根据病人的差异，把精神分析、生物学、认知主义、人类行为学、人类学和药理学有机

---

1 弗雷德里克·罗森菲尔德.《冥想是一种自我治疗》.巴黎：阿雷纳出版社，2008年。
2 帕特里克·勒穆瓦纳.《烦恼是一种幸福》.巴黎：阿尔芒·科兰出版社，2008年。

结合起来，而不是胡乱拼凑理论。但这种做法也有敷衍了事或者混淆标准的风险。我觉得，就算已经决定好了前进的方向，也还是有必要知道尚有别的方向存在，而且跟自己的选择一样好。这么想是不是太过乌托邦了呢？

> " 我觉得，精神科医生可以自我分析，也可以决定是否要分析他人。"

破产和甲状腺

让-居伊是一家破产企业的过气经理。妻子离他而去，从此以后他开始酗酒。他曾因为自杀被送到医院。这把孩子们吓坏了，他们都知道他当年发达的时候可是个硬汉。他的故事很简单，在新加坡生活，跟所有身在异国的人一样，喝的"威士忌比矿泉水多"。生意因为他酗酒受到了影响，过度忧虑让他变得性无能。妻子跟合伙人跑了。一个既忧伤又烂俗的故事。问题的症结似乎显而易见，没必要再大费周章地推测他为什么自杀了。

但是。

但是护士们很快发现，这个圆不隆冬的小老头把医院所有的扶手椅都睡遍了，边睡还边打呼噜。他有严重的睡眠呼吸暂停综合征。我把这一点记了下来。这样所有的事情就都解释通了。呼吸暂停会造成抑郁、性无能以及记忆障碍。这些症状在酒精作用下恶化了。所以呼吸暂停才是所有不幸的源头。我高兴地搓了搓手，因为我只要让他晚上吸吸氧，就能治好他了。

八天以后，甲状腺常规检查结果出来了，显示他甲状腺激素严重不足，原因是他患上了名为桥本病的自身免疫病。这是一种遗传性很强的疾病。我很开心，因为只需几滴甲状腺激素，我就可以治好他的呼吸暂停，从而治好他的抑郁症和性无能。

这次没有"但是"了。

经过几个月的治疗，让-居伊痊愈了。他开了新公司，找了新老婆。看来，幸福无须依仗太多，几微克的激素足矣。

9 精神病学和神经科学

按照丹·布朗[1]的说法，灵魂的重量应该是21克，如此一来，只能对活体有效果的药物，也能对向来被认为没有实体的灵魂产生作用了。可是说真的，就在半个世纪前，精神疾病或症状来源于某种实体还被看作是一种不合时宜的看法。而我呢，也从来不相信精神分裂症、孤独症、强迫症或者两极紊乱症只是单纯的精神问题。虽然我的老师一直不遗余力地想要说服我，告诉我贝特兰、拉康和弗洛伊德是对的，这些可怕的疾病都是源于性方面的错误学习、情结或压抑，但我压根不信。但酒精让人心情愉悦，抗抑郁药让人恢复活力，安定药让人安定，神经安定药消除妄想，这不是显而易见吗？

为了找到治疗精神病的万能药，我有点无所不用其极了。还记得我曾作过一个很夸张的实验，给精神分裂症病人作透析。一个美国学者声称在精神分裂症患者的血液里发现了一种不正常的内啡肽，只要将这种物质透析掉，就可以治愈他们。我当时去找了全法国最

---

[1] 丹·布朗,《失落的秘符》。

有名的肾脏病专家特雷格教授，跟他说我想驳倒美国的这项研究。恰巧他也看到了这篇研究，于是跟我一拍即合。我们选了五个已经住院几年的精神分裂症病人，打算进行"双盲交叉安慰剂"实验。病人把手臂从遮蔽物上的孔洞中穿过，我们无法知道是不是真的给他作了透析。随机地让病人进行一周三次、为期一个月的真实透析和一个月的安慰剂透析，所以我们在诊断病人的时候，也不知道病人正处在哪一阶段，只有负责透析的技术人员才知道。

实验结果非常令人鼓舞。病人们几乎都痊愈了。其中一个离开了精神病科，接下来的一年，一边在非过夜式医院接受检查，一边在保障性环境下工作。问题是，不管在真透析还是安慰剂透析阶段，所有人的病情都大有好转。不过，作为被遗忘多年的精神分裂症患者来说，一周三次被送到高端的实验室，被一群白大褂专家包围着，还有精神科医生作检查，用的是先进的美国技术，这些肯定都会对他有影响。这就构成了一次精彩的安慰剂治疗。但诺贝尔奖算是拿不上了。

谢天谢地，现在的我终于明白了万能药是不存在的，不可能靠着剂量合适的神奇药水就治好精神病人。精神治疗是一个整体，药物和心理疗法缺一不可，否则都不会有好效果。人是一个生物性、精神性和社会性结合于一体的存在，所以精神科医生应该把化学、社会学和心理学的知识都运用起来。我知道有阿尔茨海默病人经过电击治疗痊愈的，有严重的强迫症病人经过外科手术和电子仿真治疗痊愈的。虽然这项技术还在研究阶段，但无疑给患者带来了希望！这二十年来，神经科学真的有了很大进步。我明白少给病人开一些没用的药，会让他们更好，但是很多时候药物是必不可少的。

> **我认为，精神科医生既要会开药，又要会心理治疗。**

病中的孩子

克里斯蒂娜是一名优秀的女律师。不过可能优秀得有点过头了，看看她多如牛毛的客户就知道了，这让她压力很大。离婚后，她跟26岁的大儿子一起住，这是她唯一关心的对象。

克里斯蒂娜来找我是因为她几乎睡不着觉。她入睡不久，就会惊醒，开灯，发现在床上，关灯，接着睡，十分钟以后又醒。一晚上都这样。这样使她越来越睡不醒，她要做十分钟的体操，喝三杯咖啡，才能清醒过来。

但其实，她本人是个很有魅力的人，工作优秀，受人敬仰。所以我坚持让她说出自己的苦恼，最后她终于让步，她说儿子是个精神分裂症患者，变得越来越有攻击性，精神科医生开的神经安定药他也不吃,说是吃了会变傻。在我的坚持下,她讲述了儿子的发病史,18岁突发精神病,三个月后毫无预兆地迅速痊愈,一年后又复发。从此以后,她就一直担心儿子会突然发狂,会变得自我消沉。

当我问她"谁说他精神分裂?"的时候,她惊异地看着我说:"当然是他的精神科医生呀!"我建议她让儿子来作个检查。约好了三次都没来,第四次的时候,他终于出现了。他正处于病情隐性未发作阶段,人际关系良好,正在读大三,并没有精神病人的那种对人冷漠的态度。

我也从没见过哪个精神分裂症病人还能读到大三的。

我问他的精神科医生给他开了什么药,他回答说是氟哌啶醇。

图17 蒙克《病中的孩子》

我心想,他肯定是遇到了白垩纪来的老古板,恐龙都灭绝了,这样的活化石居然还有。我跟他说以前的诊断有问题,需要重新诊断,换一种方法来治疗。

我让他去我的助手那作一下检查,结果证实了我的想法,他患的是两极紊乱症,有时候会表现为阵狂。只需要开调整情绪的药就行,不会把他变傻的。这个年轻人现在状态很好,考试成绩优秀。

克里斯蒂娜现在睡得很香。

我什么药也没给她开。

10 精神科医生和监狱

没有哪个医学分支像法医学这样与法律息息相关的。难道是因为我的许多先人和孩子们都是搞法学的,所以我选择了法医精神病学这个方向吗? 我大概得先咨询一下我的精神科医生,才能回答出这个问题,但也许是徒劳,因为这毕竟是我自己的事情。精神病人和法庭之间的故事可以追溯到很久以前。拿宗教裁判所来说吧,教会法庭的目的是拯救当事人的灵魂。但是有许多失败的例子,结果成千上万的"病号"[1]只能去受刑,可当时的出发点是好的,目的是分清良莠,让异教徒承认错误,为魔鬼附体者驱魔,将其引回正途,如果这些都不够,就只能用火刑解决问题了。"把他们统统杀掉。上帝才能找回自己的子民。"[2]

然而恰恰是教会法庭在16世纪的时候发明了安慰剂诊断法。当一个冉森派[3]教徒被带到驱魔者面前时,后者需要确定这人到底是

---

[1] "病号"这个词以前指的是等待行刑的犯人。不知道为什么医学界为了政治正确,选了这么个吓人的词代替"病人"。
[2] 阿诺·拉莫里,教皇格雷戈里七世特使,在1209年7月22日十字军镇压阿尔比派包围贝济埃时,发出过这种可怕的言论。
[3] 冉森派是17世纪上半叶在法国出现并流行于欧洲的基督教教派。(译者注)

被魔鬼附身,还是得了歇斯底里症一类的疾病,或是装病,这在当时非常重要。驱魔者会拿出罗马教廷认证过的圣物,或者假冒圣物的普通骨头。如果冉森派教徒面对假圣物就满地打滚了的话,那肯定不是被魔鬼附身,驱魔也不会有用,硬来的话还有亵渎神灵之嫌,这时候就需要另想办法来治本。这种做法颇有精神科医生鉴定区分真病和装病的意思。

如果我们仔细研读圣女贞德的诉讼案卷,会发现圣职部经过长久的讨论,最终宣告她无罪,后来她再次犯错,才被处以极刑,科雄主教一直不遗余力地拯救她以及她的灵魂。驱除魔鬼,寻找魔鬼控制留下的伤痕、淤青、麻醉点以及其他撒旦的痕迹,这难道不像当代精神科医生的工作方法吗?预审法官委托精神科医生调查犯人"进行犯罪时"是否受到了魔鬼一般的精神病的影响,不就是要用到这种方法吗?犯人会不会故意弄出一些精神错乱的痕迹来逃避起诉和监狱呢?

法医精神病学

"我,皮埃尔·里维埃,杀了我的母亲、我的姐姐和我的哥哥[1]……"1835年6月3日,来自卡尔瓦多斯省的20岁年轻农民,用柴

---

[1] 米歇尔·福柯.《我,皮埃尔·里维埃,杀了母亲、姐姐和哥哥——十九世纪的弑亲案例》(《档案》系列丛书). 巴黎:朱利亚尔出版社,1973年。

刀砍死了几个家人。重罪法庭将其处以极刑。还好那时候才取消了"弑杀尊亲罪"（1810年《刑法》第13条），不然依律"犯人要穿衬衣、赤脚、头蒙黑布上行刑场"。直到1832年时，犯人在被砍头之前，还会先被斩手。法庭一直争论的焦点是这个农民的精神问题，法庭以外，媒体和公众也在热议。于是召集了几名医生对其进行诊断，"其中三人认为犯人犯罪时精神不健全，另三人则持有相反观点"。一部分陪审员起草了特赦请求，本庭法官也向刑事犯罪局写了一份诉状，建议将死刑改为终身监禁。

精神病学的蠕虫就在犯罪的果实里。

律师为了支持特赦请求，得到了巴黎七位最负盛名的精神医师的意见书，他们从专业角度认定皮埃尔·里维埃不承担责任。1836年2月10日，国王路易－菲利普颁布特赦令，3月7日，里维埃到了卡昂市监狱，在那里接受终身监禁。1840年10月20日，里维埃在监狱里自杀。

在预审的时候，里维埃写了长达136页的诉状，诉状令人震惊且感情充沛，他悲戚地讲述了自己犯罪过程中的细节。"有些人认为他诉状写得很好，思路清楚（所以该判他死刑）；另一些人从中读出了疯子的特征（所以该判他终身监禁）。"米歇尔·福柯关于犯罪动机的权威学说，促使立法者为精神病人制定了一系列的法律条款。精神病学家勒雷和刑法学家勒尼奥曾为一些如今已有答案的问题争论不休：

——偏执、短暂性狂乱与长期性疯狂这几个概念是否应纳入考虑范畴里?

——是否应当出于这些因素而减轻甚至取消弑杀尊亲应受的刑罚呢?

长久以来,法国法律都以"以牙还牙的惩罚法"反坐为依据,着重于审判事实。每种罪行都对应某种惩罚,就像实行伊斯兰教教规法的那些国家一样:小偷会被砍掉手,通奸的女人或同性恋者会用石块砸死。从"审判事"发展到"审判人",是一个漫长的过程。

1791年,法律规定凡是暴力死亡的案例,刑事预审时应当由医生对尸体进行尸检,而这里的医生是真正现代意义上的医学专家,遇到魔鬼附身一类的案例时,宗教裁判所也会给出或试图给出鉴定。19世纪末,塔尔德建议成立专家陪审团,用犯罪专家代替平民陪审员,后来几经波折,在第一次世界大战前夕,病理解剖学家终于成为审判中必不可少的一员。

权威的理由

法官、律师和司法专栏作家都认为精神病专家在重罪法庭的权力过大。我也这么觉得,但我认为造成这样的原因主要在于法学家以及他们对(准)医学的敬重。医学和法学一样都有自己的行业语言,这两行的人都死守在本学科的那一亩三分地里,尽量避免侵入对方的领域。

我有时候会逗一逗医学系的学生，让他们对我认为"劣质"的精神鉴定书进行评析，跟"优质"的鉴定书作对比，我认为这些劣质鉴定书虽然风格迥异，但是都有一个共同的缺点，那就是未经科学验证，想当然地进行演绎推理，反射出了鉴定专家本身的状态，要么正闹离婚，要么热衷社会活动。第一种，总是认定女人有理，因为女人总的来说是被男人压迫的。第二种，则对无产阶级和郊区居民抱有好感或者反感。一些法官在选鉴定专家时，可能会考虑到他们的倾向性。由此看来，许多鉴定书的问题就是（永远）不满足于对症状的客观描述，夹杂了太多的假设。

唯一的办法就是让律师和法官学习医学语言，从而能够阅读精神鉴定评析。这就需要在法官和律师学校进行相关的专门培训。鉴定专家们在法庭上吃一两次瘪以后，就会更谨慎了（或者不再那么目中无人），鉴定书的质量也会有所提高。

我曾多次建议法官和律师来参加鉴定。但在我的鉴定生涯里，只有两位法官参与过鉴定，没有律师来过。他们总是说"没时间"。

认定"精神失常犯罪"后，犯人就不负刑事责任了，法官怕误判或量刑错误，所以不信任精神鉴定，使得鉴定书就更难获得法庭的认可了。但从1810年起，《拿破仑刑法典》（第64条）就明确规定："被告实施犯罪时处于精神失常状态的，不认定为重罪和轻罪。"不过

10 精神科医生和监狱

"精神失常"一词并没有明确的定义。在当时，精神失常跟精神错乱是同义词。进入19世纪以后，精神失常这个词在定义最终明晰之前，逐渐成为了精神病学词汇。但还有一个重要的问题需要解决，如果精神病人不负刑事责任的话，该怎么处置他们呢？皮埃尔·里维埃的案子带来了一个问题：确定犯人不负刑事责任以后，只能把他们关进监狱，总不能扔到比塞特式的收容所里去。把流浪汉、妓女和犯人关在一起也不符合逻辑。

在这样的大背景下，在皮埃尔·里维埃特赦减刑后不久，法国议会经过整整一年的高端讨论，积累了将近一千页的会议记录，终于通过了1838年6月30日法。精神病人在遭受长期排挤后，终于获得了法律依凭。法国所有省份以及纳瓦拉地区都应当配备收容所，接收和治疗政府强制入院或第三方要求入院（家庭请求入院或免费入院）的病人。被关押的病人从此有了专门的法律和投诉的渠道。如果他们不满被强制入院，可以向省长或者检察官提出申诉，任何人都无权扣押他们的申诉信。

这部法规大概是光明法国给世界带来的最后一道火光了，几乎所有的发达国家都受到启发，通过了类似的法规。直到1990年，也就是152年以后，才有新法代替了旧法。但不幸的是，新法没有引起民众和议员们的关注，也没有经过严密的讨论。新法本意很好，但是构思混乱，结果弄得事与愿违，大量使用"限制性入院"一词，禁止使用"强制入院"一词。诗人布瓦洛那个年代，人们还"把猫称为猫，把罗莱叫做坏蛋"[1]呢，可惜这是很久以前的事了。

在波城和格勒诺布尔的一系列悲剧之后，2010年开始修订这部新法。事实证明，只有经过多次讨论和一致同意的法律，尤其是能够应对各种突发状况的法律，才能有长久的寿命。

圣埃格雷夫事件

2008年11月12日，一个受到限制性入院的男子，在几次持利器袭击被宣判不负刑事责任后，从圣埃格雷夫精神病院逃出，当街刺死了一名26岁的大学生。为此，法庭开始调查当事人是否为故意杀人，一个三人专家组分析该男子是否需要承担刑事责任，起诉该男子后，法庭认定他不负刑事责任，然后把他送到了重症疯人院。他会不会哪天又跑出来？这就很难说了。

事件发生几天后，共和国总统亲自去参观了安东尼精神病院。这对一国总统来说，本来是一件很普通的事情，但是却被当成了一件大新闻。2008年12月3日，惨剧发生的三周以后，我应邀见证了法国精神病史上的这一重要时刻。萨科齐先生的开场白就是，他是第五共和国历史上第一位跨进精神病院大门的在任总统。

---

[1] 《讽刺、诗体书简与诗的艺术》(《诗意》系列丛书).巴黎：加利马尔出版社，1985年。作者引用这句诗的目的是，有时候政府的一些政策过于注重词语避讳问题，而忽略做些实事。（译者注）

真替他的前任们害臊，特别是夏尔·戴高乐和雅克·希拉克，前者的女儿是先天愚型；后者的女婿自杀，女儿患厌食症也曾尝试自杀。这些人在任时，都去参观过儿科、外科、内科和老年科，但都没勇气站到精神病人面前，去悲悯这些最不幸的同胞。以上两位总统虽蒙受不幸，但从来不曾关注过精神病科这一从数据上来说最大的医学分支，据我们所知：

——医生数量：2005年数量最多时，共有13,254名精神科医生（平均每1万人有2.2个精神科医生[1]），此后人数一直在减少（2008年，11,509人）；

——床位数量：公立医院大约130,000张，私立医院大约30,000张；

——病人数量：所有类型病人加在一起，有25%的欧洲人患过精神疾病[2]。法国有1500万公民在一生当中至少患过一次精神疾病；

——社会损失：根据世界卫生组织的调查，抑郁症是世界排名第三的杀手，远远排在酗酒、阿尔茨海默病和肺癌之前，同时还有30%—40%的未接受过诊断的抑郁症病人。

我太震惊了，我不得不再说一次，居然没有一位共和国总统觉得该去看望精神病人，从竞选的角度来看，病人们也是公民啊，也

---

[1] 所有种类的医生都算在内的话，平均每1000人中有3—4个精神科医生。
[2] 马里翁·勒布瓦耶，《法国精神病学：从野蛮到尖端医学》，上议院报告（第328号），2009年。

会投票啊，说好听点他们这是冷漠，说难听点，这就是政治阶层对精神病人的严重轻视。或者是出于害怕？这些负责任的、受人尊重的政治家们，怎么能一直都忽视法国的这一边缘群体呢？

1946年，戴高乐将军要求全法国所有的精神病院为危机年代（委婉的说法）的情况作报告，维纳季耶跟其他精神病院一样，也向省议会提交了报告。他们的报告很完整，还记录了两千个因为饥饿和寒冷死去的病人，而整间医院一共也就三千个床位。

我手里有一封省议会报告员的信，里面记录了这些数据。报告里还赞扬了维纳季耶院长的工作业绩！五十年以后，我去见了这位议员。这是一个素质很高的人，一位医生，一个参加抵抗运动的人，让·穆兰的战友。他正直、勇敢、有人情味。我跟他谈了维纳季耶报告。他根本不记得，说自己没读过这份报告。我给他看了他亲自署名的信，他脸都变白了。他沉思了一会儿，最后苦笑着对我说："老兄啊，刚解放时，有太多事情比维纳季耶的病人更重要。"我不能怪他，毕竟当时大环境是那样，但是"别的更重要的事情"这种说法让我心里很不舒服。我们的政治家们向来不太关心精神病学科。

法医学

在我职业生涯刚刚开始的时候，除了精神病学以外，我还想选择法医学作为深造方向。当时里昂一半的法医职位都给了精神科医

10 精神科医生和监狱

生。我去了法医学院。参加了两次解剖：第一次是用风镐，解剖的是一个房产商人，受害人被谋杀后，尸体被浇筑到了混凝土里，扔进一个水池。法医成功地从一堆头发、烂泥和骨头里找到了几颗牙齿，这样就可以验明正身了。学院上下一片欢腾。第二次解剖的是一个可怜的流浪老太太，人们在一个大门下发现了她的尸体。肝硬化把她的肝脏完全腐蚀了。这次没用风镐，我只是靠近她，在她脸上喷了一种液体。她死于脑瘤导致的脑脊液压力过大。这是很少见的情况。法医们又是一阵欢呼！

就这样，我决定我还是就当个精神病学专家好了，而且我不会去解剖同类的。

> **我认为，精神科医生应当保护社会免受危险精神病人的伤害，帮助司法部门寻找真相，不管是对受害者有利，还是对侵害者有利。**

强制戒毒

大部分精神科医生都不愿意治疗偏执狂，因为"太危险"，也不愿意接收瘾君子，因为后者会把他们的科室弄得乌烟瘴气。我也不例外，以至于我们还给我们的诊所制定了限额，"一次最多接收三个戒毒者，一层楼一个"。瘾君子问题在于，不管你怎么小心防范，细心筛选，他们总能在入院时把自己的毒瘾隐藏得很好。然后，他们就开始拉帮结派，私藏毒品，敲诈其他病人，贩卖毒品，或者把毒品贩子带进来，没有消停的时候。

还有一个问题就是治疗结果往往不尽如人意。大部分人都会重犯毒瘾，感染肝炎、艾滋病，或者遭人构陷。还有的人发现住院是躲警察或者恢复感受器的好方法，因为当身体习惯了毒品以后，毒品就不再能产生预期的效果，所以吸毒者们利用医生给他们戒除毒品，然后让他们的身体感受器得到休息，就像把时钟重新调准一样。一出院，这些人就撒欢了，因为"毒品又能起作用了"。

这下读者们就能明白了，普通诊所治疗吸毒者是十分危险和令人沮丧的。从实用主义的角度出发，我决定用一种方法来筛选患者，当然是人越少越好。在病人等了两个星期左右以后，我才跟他们会面，告诉他们只有血液检查和尿检都没问题的才能住院。如此一来，他们需要三个多月的时间才能入院，而且能达标的人都是积极戒毒的人，这样的话治疗才能有效果。你们会问那其他人呢？诊所的大门一直都是为他们敞开的，但需要我确定他们是真的想戒毒，他们才能跨进来。

11 精神病住院治疗

不管是在公立的还是私立的医院,不管是在美国、加拿大、俄罗斯还是法国,我一直都是在某一机构内工作。我认为一个精神科医生只有在医院才能发挥作用(但我也像私人诊所的精神科医生那样接受院外咨询)。

大约有几万精神病人接受入院治疗。目前一共有531家公立精神病治疗机构。经济危机之际,许多床位被迫取消。但是还有些其他反常现象,非常显而易见,却没能引起任何人、政策或者当局的关注,公立精神病院床位每天要花掉纳税人600—2000欧元(工作日的价格),而私立诊所每张床每天只花130欧元,但不包含员工工资。诚然,公立医院还得照顾到城外的区域,设置精神医疗中心、卫生所、非全日制援助中心、疗养房、上门诊治等服务,花费非常高。其中很大一部分费用是臃肿的行政人员结构造成的,这种公立与私立机构之间的差别让人简直无法接受。

相对来说,私立诊所和医院一共只有不到156家,其收容力却占到了总收容力的将近20%,公立机构只占70%,而且私立机构的实际可收容能力远高于其床位数。2009年,公立精神病机构一共花去了75亿欧元，而私立精神病诊所的行政拨款只有5亿欧元，还不到公立机构的20%！自此以后，私立诊所的费用涨到5300欧元，公立医院涨到10,000欧元。为了维持经营，私立机构还为"特殊病房"提供客房服务，其实是为治疗提供资金，只有相对富有的人才能得到这种待遇，因为他们购买了相关的医疗保险，这样的做法很不地道，私立精神病机构因而被称为"富人诊所"，甚至是抽钱泵。

我经常跟一些政党负责人、部委工作人员或者记者说起这种情况。每次都听到"真不敢相信这是真的，一定要改变这种状况"等类似的话，然后就不了了之了。有一次，我遇到了六个月前的一个听众，我又滔滔不绝讲了一遍，果然再次听到了"真不敢相信这是真的，一定要……"这句话。忘性可真够大的。

> 我认为，精神科医生应当让民众和相关负责人看到精神病人所遭受的不公。所以，我觉得精神科医生有时候也要充当一下工会领袖。写写书！

（不能继续往下说了，越说越觉得自恋。）

恐慌来袭

他第一次被送到急诊室时是三十五岁，诊断为梗死。如今他一天至少犯三次病，不再叫救护车了，但是觉得生活如地狱般煎熬。

让-菲利普是一个积极向上的管理人员，慢跑运动爱好者，已婚，有两个漂亮孩子。他长得帅，又有钱，应该很幸福才对。

这会儿，他的梗死又发作了，有点喘不上气，胸口闷痛，"非常难受"，喉咙发紧，身体颤抖，直出冷汗，就像快要死了一样。让-菲利普受不了。他连门都不敢出了，怕在外面突然发病，工作也受到了影响。后来他发现喝酒能缓解痛苦，这让他的妻子很担心，因为他似乎离不开酒瓶子了，而且他时不时就吞药片。

让-菲利普试过磁疗，吃过镁片，进行过精神分析，遵照过抗氧化生态食谱，都没用。他会连着几天不犯病，但一有烦心事，一天至少要犯三次病。随着发病次数的越来越频繁，他受不了了，想结束一切，不是因为抑郁，而是希望"这一切都停下来"。

他们夫妻俩谈了好几个月，最终在妻子的威逼之下，他答应去看精神科医生。"我不是精神病！"他一脸局促，像个小男孩似的坐在我面前，眼睛看地，让妻子替他讲述病情。我跟他说他患的是恐慌性障碍，没人知道这种病的病因是什么，也不一定就是精神问题。这是一种紧张性器官失调，治疗也比较简单，但是需要耐心。我给他开了五羟色胺再摄取抑制药（百忧解就属于这种抗抑郁药），并给他解释说，我知道他不是抑郁症，虽然愚蠢的药商们把自己的药称为抗抑郁药，其实这些药还有许多其他功效。我告诉他前两三个星期病情会加重（其实是好信号），但是接下来病症会缓和，最后完全消失。当然这是好的方面。坏消息是,一旦停止治疗,病情十之八九会复发,直到他生命结束的那一刻。

我建议他去看看精神分析师,接受认知和行为治疗,采取放松疗法,这样会让整个治疗更有效率。我感觉他不太积极。

四周以后,我又见了他。他整个人焕然一新,"一个多星期都没发病了,好久没这样了!"我告诉他要坚持治疗。他答应了,可一个月以后就停止治疗了。接着两周以后,他的病复发了。他被妻子臭骂了一顿,又重新开始治疗,这回三周以后才开始见效。

让-菲利普现在五十岁了。十五年来,他曾三次试图停止治疗,每次都复发。他就学乖了,每天都按时吃药。我告诉他,他的病就跟糖尿病一样,可以控制,但治不好。

让-菲利普现在好得很。

12 我是一个医者

……这就是我唯一的用处

书已经写到了这里,我突然惶恐地意识到我基本没讲我的日常工作究竟是怎样的。其实从本质上来讲,我的工作内容就是:治病救人。

不管是在医院、门诊还是私人诊所,精神科医生最主要的任务就是治疗。医治精神病患者、精神分裂症患者、神经官能症患者、忧虑症患者、恐惧症患者、强迫症患者、创伤性后遗症患者、抑郁症患者、酗酒者、吸毒者(数量不多)、失眠患者、嗜睡症患者、心力衰竭患者。医治阿尔茨海默病人、意志消沉的人、割脉的人、吃药上瘾的人。医治纤维肌痛患者、长期疲劳者、灾难幸存者。医治厌食症患者、暴食症患者、健康食品强迫症患者。医治偏执狂(数量较少)。医治哲学问题思考过度导致疾病的人。医治歇斯底里症患者、谎语癖患者(临界精神病)。医治游戏上瘾、性上瘾、工作上瘾、无目的盗窃上瘾的人。医治精神变态者(临界精神病)。

医治所有心灵痛苦的人。

精神科医生给患者开药,进行精神治疗,倾听患者心声,给患者建议,(经常)否定,(偶尔)肯定,时而打击,时而鼓励。精神科医生很可靠，很友好（不总是，但大多数情况是），会一直等待、毫不气馁，直到病人略有好转。精神科医生心怀悲悯，懂得欲速则不达。

精神科医生跟其他医者一样，是专业的治疗人员。不是江湖郎中，也不是精神导师。只会建议有效的治疗方法。

精神科医生是人们效仿的对象，所以需要以身作则，私生活里也不例外。（我早就说过我是道学家了……）

精神科医生永不撒谎。

哭泣的精神科医生的故事

从前有个女病人，总想自杀[1]。她的白马王子，啊，不对，应该是迷人的精神科医生总想阻止她。他们每周见两次面，每次她都说实在是没办法了，他说有。他说生活很美好，只要活着，就有希望，终有一天他会为她找到有效的药物、新的心理治疗方法，医学每天都在进步。他们就这样僵持着。她越是顽固，他就越发坚持。他们就这样拉锯了许多年，他一直死死拽着她不放，而她……

然后，终于有一天，精神科医生精疲力竭，彻底崩溃了。他哭出声来，对她说他做不下去了，这么多年努力都没用，她还是这么想死，他受不了了，他有时候也想去……

---

1 多亏了保罗·巴尔韦给我灵感。

女病人站起来,温柔地握住他的手,轻轻在他耳边说:"好了,大夫,别哭了,生活很美好,只要活着……"

故事的结局就是,他们都没自杀,结婚了(跟别人),还有了很多孩子(跟别人)。

关于刀的眼泪

热尔梅娜在我的办公室里哭了起来。我从没见过有人哭成这样的,眼泪就像泉涌一般,或者像是忏悔的抹大拉的玛丽亚[1]。声泪俱下。她抽泣,哽咽,擤鼻涕。往复循环。她跟我说自己不配当外婆。她说她早就想要个外孙了,她非常爱她的外孙塞拉芬,才三个月大,很可爱。可她觉得只要房间里有刀,她就有可能忍不住拿刀去捅外孙,这种想法让她很痛苦。但又挥之不去,她感到难以承受。她不敢跟别人说这件事,她把家里的刀都扔了,却不能跟丈夫和女儿说实话。无论如何,她是爱外孙的。

我跟她说她得的是恶意冲动恐惧症,是强迫症的一种。她光知道这个也没啥用!我又解释说,得这种病的人从来都不会把恶意冲动付诸行动,从来没过。听我的没错的。我给她开了五羟色胺再摄取抑制剂,让诊所的一位心理分析师给她作认知行为治疗。收效

---

[1] 抹大拉的玛丽亚是传说中被耶稣拯救的妓女。(译者注)

甚微。但我不灰心。我会给她制订一个模拟现实治疗方案。她的3D虚拟模型不会去刺伤虚拟的婴儿模型，不会去拿虚拟的刀子乱刺，这样一来，她可怕的幻觉就不会成真，她就不用再担惊受怕了。这样应该会有效……如果还是不行，我就想想别的办法。精神科医生就是要越挫越勇。

精神病治疗要有创造性。每次治疗都是独一无二的，是医患双方共同创造的结果。

图18 抹大拉的玛丽亚

13 我是哪一种心理医生？

心理医生的分类

心理医生分很多种，大类之下还有小类。

精神科医生

在法语里，精神科医生、儿科医生和老年科医生的词尾都是"iatre"，人们看到这样结尾的词，就知道是在跟医生打交道了。在法国，见到精神科医生要喊"大夫"，这是传统。一个精神科医生在成为专科医生之前需要七年的普通医科学习，然后再学习五年的精神病学。精神科医生只诊治有心理问题的人，有权给有需要的病人开药。

有些精神科医生只管开药（有人损他们说他们是化学医生），有些精神科医生从来不开药（心理治疗师）。我认为，以上两种单独来说都不可取，精神科医生应该有社会责任感，根据病人的不同情况，择其善者而从之。然而事实上是：从一方面来看，精神药物如果不辅以心理治疗，效果会差很多；从另一方面来看，社保只报销精神治疗费用，不报销心理治疗费用。一个精神科医生如果只提供心理治疗，那就成了心理治疗师，这也不是什么掉价的事情，但是心理治疗师是不能给病人签署报销文件的。怪就怪在，同样是心理治疗，如果由科班出身的精神科医生来做，就可以报销，由同样科班出身的心理学专家或心理治疗师来做，就不能报销。我想如果我是后两者之一，又很较真的话，我肯定要投诉这种不正当竞争。很明显，精神病人也不是傻子，同等费用的情况下，肯定会选择可以报销的医生。

心理学专家

心理学专业是五年制。毕业后获得正式的心理学专业文凭。心理学专家可以开诊所，给人提供心理咨询、心理治疗，测试智力和人格。但奇怪的是，社保没有把心理学专家的咨询列入医疗卫生范畴，也不报销此类咨询，这与欧洲共同体的法律相矛盾，其他大部分欧洲国家，心理学专业学生一完成学业就是心理治疗师。这样一来，费用就可以由医疗互助保险公司来承担了。

这一反常现象的影响是巨大的：一方面让心理学专家作为自由职业者很难生存下去；另一方面造成了精神科医生不够用的局面，但法国的精神科医生数量已经比邻国多两到三倍了。所有人都在抱怨需要等很久才能预约到精神科医生，有的精神科医生甚至拒绝约见新的病人。可是我刚才已经说过了，法国每平方米国土上所拥有的精神科医生已经比其他发达国家多很多了。自然界里是没有真空的，反正病人不能报销心理治疗的费用，所以许多精神科医生选择成为心理治疗师，当精神科医生的就少了。由此可证，大部分精神科医生毕业后没有当精神科医生。这就像是阿尔弗雷德·雅里笔下的愚比王式的笑话[1]。而且大部分精神科医生认为他们职业中最"高贵的"部分是精神分析，雅克·奥克曼阴损地说，"愚蠢的"精神病学只知道开药，这样无疑恶化了形势。

只要法国跟其他西方国家一样，承认心理学家和心理治疗师的地位，报销他们提供的治疗，那法国的精神科医生就够用了。这样一来，也可以节省开支，因为辅助医疗检查比医疗检查要便宜。

心理治疗师这个职业直到2010年5月20日[2]才得到法国官方承认。在官方文件里，特别列出了精神分析，这又是法国与众不同之处。精神分析下面区分了好几种医师，包括精神分析师、认知行为治疗师、家庭系统治疗师以及利用催眠、冥想、意念集中、生物反馈疗法、修身养性、放松疗法（有好几种方法）、浣熊疗法等的医师，我就不一一列举了。

这些疗法都很重要，只要运用得当都会有效果。不过他们最大的优势在于无害性，可以让患者少吃些药，因为总体来说药物治疗

---

[1] 《愚比王》中的主人公愚比表现了人的愚蠢、卑贱和不合理的暴力，令人捧腹大笑。（译者注）
[2] 见2010年5月20日关于心理治疗师职衔的第2010-534号法令（NOR：SASP1011132D）。2010年5月22日第0117号法兰西政府公报第24号文件。详见www.legifrance.gouv.fr。

的危险性比物理疗法、心理疗法要高。但是这些疗法一直没有获得官方认可,这就制造了许多麻烦。

轶闻

我认识一个杂货店老板,因为店铺附近新开了一座大超市,他就遭殃了。最后他还是申请破产了。这对他来说是一段难熬的日子。为了扛过去,他进行了心理治疗。几年以后,他也当上了心理治疗师。最近刚买了一辆宝马。

也许这个人真的很有实力,也带给顾客许多帮助,但是他缺乏正式的培训和监管,这样一旦出事其实是很危险的。如果有一天他的顾客出现了代偿失调、突然发狂或者自杀欲望怎么办?医者需要长期的培训、监督和培养才可以医治他人。有的读者可能会认为我这是行业保护主义,怕有人抢饭碗,但其实不然。相反,我还希望能为正规毕业生多创造一种职业,让医疗互助保险公司来承担费用。

精神分析师是心理治疗师的一种。2010年5月20日法令终于给了他们一个合法地位。从前的心理学专家或者护士不需要医生执照,就可以自称是弗洛伊德的门生。如果我的门房或者保险经纪人想要在自家门上钉一块门牌,写上"迪什诺克先生或者塔尔唐皮翁女士,精神分析师"之类的,也不会有人管。现在的精神分析师都是经过五年正规精神分析学校培训的,这样可以确保他们的技术能力。但是隔行如隔山,外人本来就很难知道哪些学校比较正规,再加上这些学校之间相互抹黑……

> "我,拉帕利斯区的医生,认为精神科医生就该做精神科医生的工作。"

走出阴影

雅尼娜是一家超市的收银主管,未婚,有一个相处十年的男友和三个可爱的孩子。她说自己"偶尔有点神经质",但是总体来说精神很好。直到有一天,超市遭到了抢劫。事情发生得很快,三个蒙面人持枪闯进超市,直接冲向她,"不奇怪,因为我是主管!"他们拿枪抵着她的后背,命令她站起来。她顺从地站了起来。她慢慢地爬上楼,背后是冷冷的枪管以及顾客和同事们的视线。她在保险库里呆了十二分钟,背上一直抵着冰冷的枪口,这十二分钟就像没有尽头似的。她还被劫匪拉上了车,后来被扔在了郊外。

整整一年以来,她每天晚上都会做噩梦。梦里一遍又一遍出现的都是抢劫时的情景,次次她都从大叫中惊醒。白天也没好到哪去。不管她是在工作、休息、做饭还是在看电视,眼前总会出现抢劫时的画面。痛苦的镜头总是不断回放，让她心力交瘁。每次她去陌生地方的时候，都要忍不住检查角角落落。

雅尼娜已经三次自杀未遂了。她酒喝得越来越多，脾气变得很暴躁，把爱的人都赶走了，对其他人的态度也很恶劣。她已经两次收到老板警告信了。很明显，雅尼娜患的是压力创伤后遗症，以前被称为灾后精神创伤。

我建议她采取眼动脱敏再加工疗法。这种方法是通过让病人重新体验创伤事件的每一秒使其情感得以宣泄来治疗的。这种方法有时候会让病人十分痛苦、难以忍受，但是如果对症的话，治疗效果会很好。从雅尼娜的情况来看，我确信可以用这种方法治疗，因为她没有精神病史，"抢劫事件前精神状态很好"，而且她有创伤后遗症的所有体征。她需要两次治疗，每次治疗大约八十分钟，就可以完全摆脱所有症状了。

有趣的是，抢劫发生的当天，她去警局录口供，却记不清劫匪的面罩是不是嘴部有洞的。但治疗时，她完全回想起了当日的所有细节，她都知道！

14 精神科医生不做或不该做的事

有时候参加聚会,有人会挤对我说:"哎呀,大夫,我都不敢跟您说话,怕说什么您都要解读解读。"这时候我就会冷冷地回一句:"我从来不免费看病!"气氛瞬间冷却,只有热腾腾的大龙虾或者干酪火锅才能让气氛重新热起来。不过也不是每回都这么严重。但我也实在没别的办法让我的朋友相信,我下班以后就不会做上班要做的事情了。我只能无视他们的说法。

谁疯了?

有时候还会有人问我很专业的问题,比如:"大夫,您觉得有精神完全健康的人吗?我们是不是或多或少都有点精神病呢?"这种问题很有意思,会让我开始思考正常和病态之间的界限。到了我这个倒霉年纪的人,最爱做的事情就是总结、归纳、下结论。

我认为,精神病人就是单纯运用一种防御机制的人,而正常人则适时运用各种防御机制。拿足球迷为例吧。比赛开始前,他会担心(焦虑式防御);比赛进行时,他支持的球队进球了,他会欣喜若狂,大喊大叫，唱歌跳舞，跟所有人讲话，讲讲自己杞人忧天的看法，谈谈俱乐部的发展（躁狂式防御）；被对方进球了，他就会变得很消沉，动也不动（抑郁式防御），又被进了一球，他会想这肯定是裁判的错，裁判肯定被收买了（妄想式防御）；如果支持的球队输了，他就跟伙伴一起，跟敌对的球迷打架，踹汽车（心理疗法式防御）；如果支持的球队赢了，他就会在家组织狂欢派对，喝酒，吸大麻烟（毒瘾式防御），勾搭女人（歇斯底里式防御）；第二天，他发现公寓被弄得天翻地覆，于是决定整理打扫（强迫式防御）。这个人，虽然是个足球迷，但用到了适应情境的全套防御机制，所以是一个正常人。

相对地，总是在整理和打扫的人是强迫症患者，总是在勾引人的女性是歇斯底里症患者，总以为自己受迫害的人是妄想症患者。这就是为什么我认为，过度或单纯使用一种防御机制，而且通常是不适用的防御机制，是一种病态。

精神科医生的首要任务是治疗承受痛苦的病人，而不是随便诊断身边的人或者路过的人，他们也没让你这么做。我最受不了的就是某些沙龙心理学家，一有客人说话，他们就一副若有所思的样子。有些差劲的甚至会胡乱解读。良心建议，千万别请这样的人！

精神警察？

郊区一有骚动，政府就想派区内的精神科医生去维护秩序，因

14 精神科医生不做或不该做的事

为轻罪罪犯或多或少都有些精神不正常。局面一旦失控，出现烧汽车、砸橱窗的情况，就会动员精神科医生，召集精神科主任，大多是责怪他们办事不力，才会导致这些小混混出来干坏事。做精神警察半点益处都没有，很有可能让精神科医生丢了操守。

精神科医生不应该在专业以外的事情上协助警察。

医生的名与实

前面我已经说了，有些词语一看词尾（iatrie，源于希腊语的iatros），就知道跟医学有关。我们能拿到文凭，那是社会出钱在大学里培养了我们。就算会让我的一些同行咆哮，就算会让他们看不顺眼，我还是要说，精神科医生的首要任务是医治精神病人，开药、检查等医疗行为都是医生的职责。如果一个精神科医生只提供心理治疗或者精神分析，那么他只能算是心理治疗师或者精神分析师。没有哪个医生会这样做，这样做也不合常规，病人也不该得到报销。

我想重申的是，在我看来，精神科医生就该做精神病学的工作。如果不想做，可以换工作，改做心理治疗师。

你们等我一下，我先去买件防弹衣。

急诊室的故事

急诊室。19点。周六晚上。走廊里挤满了人,有身体受伤的,也有精神受伤的。医护人员来回奔跑着。有人喊我去给一个年轻女人看病。她昏迷了,躺在大门口的担架上。其他大夫没能找出她失去意识的原因,怎么也叫不醒她。他们就想到这时候"可能需要一个精神科医生出马"。

我,年轻的精神科实习医生,出现了,简直就是乔治·克鲁尼的翻版(不,还更帅些)。我礼貌地向她问好,然后跟她说:"这里人太多了,不方便说话,你跟我到办公室来吧。"说完转身就走,也不向后看。她就站起来,一瘸一拐地跟在我身后,把那些非精神科的大夫都惊呆了。我们一前一后,从病人和家属中间穿过。一路上,我听到人们窃窃私语,"你看他都不帮忙的","他明明可以去扶一把","他连看都不看她","这个实习生,真坏","冷血鬼!"

可我知道,如果我转头或者扶她的话,她会像春天被割下的百合一样,软在地上。

那就前功尽弃了。

急诊室的精神科医生不好做啊……

尾声 我治疗（灵魂），故我是（精神科医生）

心理医生出镜率很高，这是事实，但他们的作用不仅仅是这样，这只是他们的社会角色之一。不管是哪一类的心理医生，都会思考人与人之间的关系，关注社会学、人口统计学和文化层面的政策。对着话筒和镜头说话，写文章，上网，都是心理医生履行社会责任的方式。

精神病学作为西方医学的一个分支，已经有很多年历史了，并且逐渐在全世界流行。但是别忘了，还有将近三分之二的人类不这么看问题，许多文化认为身体灵魂是一体的，不能分开治疗。这就意味着我们的心理医生还是应该低调。这就引出了另一个问题：心理医生的未来会是怎样呢？这个特殊的学科是否有未来？是否会像某些学科那样被扔进历史的垃圾箱中呢？

未来的心理医生

如果精神科医生将来只是治疗精神分裂症患者、阿尔茨海默病患者、两极紊乱症患者，或者至多再治治酗酒的人，那么一旦发现突破性的治疗方法，这个职业可能就不复存在了。比如，如果有天发现了抗精神病疫苗或药物，那么全世界的精神病院都只能关门大吉，成千上万的精神病院员工只好下岗。这就像是发现了抗结核病链霉素以后的肺结核医生和肺结核疗养院一样。精神病和精神病治疗者一起出局? 乌托邦? 有可能吗? 未来会告诉我们答案。

至于那些治疗神经官能症患者、有压力的人、疲劳的人、遭遇不幸的人、"文明病"患者、厌食症患者、工作狂、三班制症候群患者的心理医生，他们似乎还有些前途。在西方，心理医生接替了神父、阿訇、拉比等所有精神导师的位置，而且这个层面的需求是一直存在的，比如为失去自由而感到痛苦的犯人就有。

同样地，事故和犯罪心理学专家也不会失业。别忘了他们还要培训别的专科医生，因为后者接待的病人里至少一半人不是器质性的疾病，没有机体性功能障碍，只是心理问题。教这些人学会倾听、移情，让他们明白帮助别人之前首先要了解自己，解决好自己的问题。还可以培训感化教育工作者、护士、保育员、社工、法官、律师、警察等等，谁知道呢? 给那些过度强调技术的学科增加点人性化的东西，总是好的。

另外还有思考社会问题的社会哲学心理学家以及人道主义心理学家，自从精神分析学派没落、神经科学崛起以后，他们的数量也变少了，曾经影响很大的他们现在已经成为小众。

尾声 我治疗（灵魂），故我是（精神科医生）

又是法国例外！

千万别指责法国的精神科医生四处拉客，他们已经尽量减少活动领域了。跟其他国家的精神科医生相比，他们公开放弃了酒瘾、毒瘾、依赖性、肥胖症、睡眠障碍、神经系统退化疾病、心身疾病、痛觉问题、性问题等等领域，我就不一一列举了。我有个弱智领导曾经说过："公共精神病机构就只是为精神分裂症患者设立的。"为了准确些，他又加上了抑郁症，不过只接受"门诊"病人。总的来说，就只给这两种病人看病。但事实上，精神科医生还是得继续给非精神病人看病，特别是饮食紊乱和睡眠障碍的病人，并不能总是专业对口，这到底是祸是福呢？在法国，酗酒居然属于饮食卫生类疾病，怎么想的？！真是法国一大怪！

继续走我的路？

本书从一开始就提出了"精神科医生有什么用？"这个问题，我想写到这里，已经基本上回答了这个问题。现在我终于可以平心静气地讨论最后一个问题：为什么我要一直当精神科医生？或者说，精神科医生有什么前途吗？我是被什么附体了所以才选了这么个职业吗？我又不是受虐狂。我必须得给出个答案。经常有人问我："您怎么受得了一直接收这些痛苦的信息呢？"或者："这些痛苦不会慢慢侵蚀您吗？"

我有两个理由：

一、想要取得职业上的成功（好吧，这是犯了傲慢的罪行，亏我还一直鼓吹谦虚为人）就得干自己擅长的事！如果我当初想做外科医生甚至是牙科医生，那么对于不擅长手工的我来说，肯定会很痛苦（于我于病人都是如此）。相较而言，我觉得我天生适合做精神科医生这个有意思的职业，感觉做起来不会痛苦，因为可以帮助他人，减轻他们的痛苦，治愈他们的疾病，这也是所有合格的医务人员的共同心愿。

二、只要我跨出科室的门，我就有能力摆脱白大褂[1]（也没啥值得骄傲的）或者是头顶漏斗的形象。出了医院，我就不是精神科医生，而是丈夫、父亲、爷爷、作家、友邻、园丁、动物生态学家、鸟类学家、人类学家、旅行家、美食家、幻想家。

我也居家过日子啊！

这大概就是我一直坚持的奥秘吧。

---

[1] 这是有象征意义的，跟大部分省级精神病院医生一样，我再也受不了白大褂了。这种工装变化可以追溯到1968年。

精彩语录

◎ "我们必须要承认一个残酷的事实,那就是我们每个人身上都藏着疯狂的种子,而每个疯子身上都有一部分理智。"

◎ "当精神科医生,就得学会做西西弗斯,把石头推到山顶,明知道还会滚下山去,也要一次一次往上推。推到哪一天呢?没人知道。"

◎ "我觉得精神科医生的作用是,让人们不要忘记西方曾经是怎么治疗精神病的。虽然有时候他们在胡说。"

◎ "我认为,精神科医生能减轻社会对精神病人的惧怕。不过要冒着与其同命运的风险。"

◎ "在我看来,精神科医生最重要的职责就是保护我们中的弱势人群——精神病人。为此,有时甚至需要反对其他精神科医生。每一个精神科医生都该是一名斗士。"

——摘自本书